お笑い脳

イヤなことを
おもろいに変える
芸人の思考法

ネタ作家
芝山大補

KADOKAWA

まえがき

人前に立ったときに、「自分の力をうまく発揮できなかった」経験はないですか？

実はその悩みを解消するヒントは、**自分の考え方にある**んです。


5年ほど前、コミュニケーションの悩みを解決するコンサルをしていたとき、「人前が怖くてうまく話すことができない」という悩みを持った女性と出会いました。

その女性は「誰も私の話になんて期待していないし、みんなから喋るなと思われているはず。だから話すのが怖い」と言うのです。


「誰もそんなこと思ってないよ」と伝えたら、

「……気を遣わないでください。本当はあなたもそう思っています」とのこと。

「どうして僕があなたに対して『話すな』と思うの？　理由がないでしょ」

「……私がブスだから。『ブスが喋んな』って思っているはずです」

僕は「あなたはブスではないし、そもそも容姿の好き嫌いで『話すな』なんて思わないよ」と返しました。

しかし、彼女は納得がいかないようで、話はずっと平行線のままでした。

そのとき、僕はふとあることを思いついて、こう尋ねてみたのです。

「もしあなたが自分より容姿が劣っている人を街で見かけたら、どう思う？」

するとにらんだ通りの回答を口にしたのです。

「『ブスが街を歩くな』って思います」

僕はこの考え方に、人が力を発揮できなくなる法則があると思いました。

人は「他人も自分と同じ考えを持っている」と思い込みやすい生き物です。

だから、**誰かに放った言葉は「自分にも同じ言葉で返ってくる」ように感じてしまう。**

昔から「人に悪口を言うと、自分にも返ってくる」と言いますが、まさにその構図だと。

思えば僕も芸人時代にエピソードトークをするときに、緊張してしまって力を発揮できないことがありました。その緊張の原因は他人から「話すのが下手」だと思われたくないからでした。

しかし、その「思われたくない言葉」は、人が話しているときに僕が心の中で「他の人に放っていた言葉」だったのです。

ある日、人前でも堂々とトークができる友達に「自分が話してるときに、聞いている人にどう思われていると感じてる？」と聞いてみると、その友達はあっけらかんとこう言いました。

「え？　みんな応援してくれてるでしょ。俺の話を聞きたいって思ってるはずだから」

それを聞いてハッとした僕は、続けて「じゃあ、君は人の話を聞いているときは、どう思ってる？」と尋ねました。

するとその友達はこう答えたのです。

「『もっと話を聞きたい。頑張れ！』って思って聞いているよ！」

そのとき、初めて気づきました。

僕が話すときに緊張していたのは、人の話を聞いて「この人、話すのが下手だなぁ」と思ってしまうことがあったから。

つまり「人の話を聞いているときに思っていることは、自分が話すときに返ってくる」のではないだろうかと。


人の失敗をあざ笑うような人は、自分も笑われることに怯える。

人の容姿をバカにする人は、自分も容姿でバカにされることに怯える。


これはきっと全てに共通すると思います。

とはいえ、この原因がわかっても改善するのは一筋縄ではいきません。

そこで僕はこの法則を応用できればと思い、先程の女性の方にこうお願いしました。


「『ブスが街を歩くな』と思ってしまったとしても、『せやけど、服はちょっと可愛いやん』と良いところを探すクセをつけてみて」

それから1年後に彼女から連絡が来ました。
「おかげさまで人生が変わりました。今では人と話すのが楽しいです」
人の良いところを探して寛容になることで、自分自身への意識も変わり、人前で話すときの恐怖心がなくなったそうです。

僕自身も、この法則がわかって以降、人が話しているときは「頑張れ！」と応援することにしました。そうすることで、**自分が話しているときも、聞いている人が「頑張れ」と言ってくれている気がして、堂々と自身を持って話せるようになったのです。**

人の話やアイデアを聞いているときに「くだらない発言をするな」「つまらない話をするな」と思うと、自分の発言へのハードルも高くなってなかなか話せなくなる。人が失敗したときに「ダサい」と思うと、自分も失敗を恐れて行動できなくなってしまう。

もしあなたが「うまく力を発揮できない」と悩んでいるならば、その原因は「自分の放っている言葉」なのかもしれません。

さて、紹介が遅れましたが、僕はこれまで芸人300組以上にネタを提供してきた、作家の芝山と申します。

お笑いのネタ作りの他にも、養成所の講師、芸人の技術を言語化して伝える仕事など、世の中に笑顔を増やすための活動に取り組んでいます。最近ではありがたいことに、企業様での社員研修や、大学での講義などもさせていただくまでになりました。

僕は「人間関係の悩みは、芸人の技術によって解決できる」と思っています。

ある日、SNSで生配信をしていると、こんな悩みを打ち明けてくれた子がいました。

「学校で『ゴリラ』って言われて、ショックで何て返せばいいのかわからず困っています。どうしたらいいですか？」

僕はこうアドバイスしました。

「怒っているフリをして、『あのな！　ゴリラじゃない！　ゴォリィラァァア（ネイティブな言い方で）だから！』と言ってみたら？」

すると後日、その子からコメントで「教えてもらった返しをやってみたら、ウケました。ゴリラって言ってきた子も笑っていて、ゴリラって言われることが全然気にならなくなりました。ありがとうございます」と報告してくれたんです。

僕はこの相談がきっかけで「お笑いの技術でもっとたくさんの人の悩みが解決できるんじゃないか」と考えるようになりました。

この子はここだけを見れば、人生で「ゴリラ」と言われたときにうまく返せるようになっただけかもしれません。

しかし、笑いによって解決できると知った経験で、この先の人生でまたツライことがあったときに、「あのときのように解決できるのでは？」と、活路を見出せるようになれるかもしれません。

そして先の話のように落ち込んでいる心の悩みを解決することも、いじめで悩んでいる人に笑いの技術を教えて解決することも、会話で笑いを取れる技術を伝えていくことも、全てこの世界の笑顔が増えることに繋がると思っています。

コミュニケーションは人が生きていく上で当たり前にするものです。それゆえ技術を学ぶメリットには気づきにくいですが、当たり前にするものだからこそ、うまくできるようになればたくさんの得が生まれます。

「イヤミを言われても何とも思わなくなる」「失敗をしても雰囲気が悪くならない」「営業が取れるようになる」「ママ友が作りやすくなる」「困ったときに頼れる人や、相談できる人が増える」

コミュニケーションの技術を学ぶことは、あなたの人生の悩みを解決し、ツライ時間を笑顔の時間に変えてくれるものではないでしょうか。

僕はあなたの人生を、この本を読んでいないときと比べて「笑顔が増える人生」にしたいと思っています。そのために僕が経験したこと、お笑いを通して知ったことの全てを伝えていきます。

この本を通して僕があなたの「脳」を、**悩みを解決して人間関係がうまくいくコミュニケーション術や、逆境を吹き飛ばせるマインドなどが身についた「お笑い脳」に、ぜひとも変えてみせましょう！**

いけね！　ちょっとハードルを上げすぎちゃった！　どうかほどほどに期待して、「頑張れ！」と思いながら読んでくださいまし。それでは、しばしお付き合いください。よろしくね。

ネタ作家　芝山大補

著者紹介

芝《しば》山《やま》大《だい》補《すけ》

ネタ作家。1986年兵庫県生まれ。2007年、NSC大阪校に入学。2009年、2011年にはキングオブコント準決勝進出。現在はネタ作家に転身し、賞レースのファイナリストなど、芸人300組以上のネタ制作に携わる。

2019年からは、「笑いの力で人間関係に悩む人を救いたい」という想いから、お笑いの技術を言語化して伝える「笑わせ学」に取り組む。現在はYouTubeやTikTokの活動のほか、大学や企業でも講演を実施し、より多くの人に芸人の技術を届けている。

著書に『おもろい話し方芸人だけが知っているウケる会話の法則』(ダイヤモンド社)、『お笑い芸人が教えるみんなを笑顔にしちゃう話し方』(えほんの杜)がある。

STAFF

ブックデザイン　マツヤマチヒロ(AKICHI)
イラスト　しまだたかひろ
校正　株式会社　文字工房燦光
制作協力　田野美幸
企画編集　武田惣人

CONTENTS

第2章

ピンチをチャンスに変えるお笑い脳

第3章

誰からも愛されるお笑い脳

第4章 コミュ力で人と差をつけるお笑い脳

第5章 悩みを解決するお笑い脳

第1章

残念な脳からお笑い脳へアップデート

「お笑い脳」って？

この第1章では「お笑い脳」にしていくための考え方を伝えていきたいと思います。

では「お笑い脳」とはどういうものかを説明しましょう。

お笑い脳とは、端的に言うと**「お笑い芸人のコミュニケーションの考え方」**です。

僕の講演では、必ずお笑い芸人の思考・考え方を伝えます。なぜなら、**技術を教えるよりも考え方を変えるほうが、コミュニケーションの悩みが解決することが多い**からです。

例えば、「人と話すのが怖い」と思っている場合、「人と話せる技術」を知っても仕方なくて、「人と話すのが怖い」という考えをまず何とかしないと解決できませんよね。考え方を変えることができれば、コミュニケーションの全てに変化が起こります。

有名な、何とかテレサさんの**「思考に気をつけなさい、それはいつか言葉になるから」**という名言にもあるように、思考から言葉は生まれます。

あなたが「自分だけが目立ったらいい」と思えば、あなたのコミュニケーションは人から話をすぐ奪う人になるでしょうし、あなたが「みんなが楽しめるように」と考えていたら、あなたは話せていない人に話を振るようになるでしょう。

ちょっとした思考の変化はあなたに大きな変化をもたらし、そして人生さえも変えてしまいます。だからこそ、思考・考え方が一番大切なのです。

お笑い芸人の考え方を伝えた人から、「コミュニケーションが楽になった」「悩みがなくなった」などの感想をいただきます。たまに「メガネ、ダサいぞ」とかあるけどね。そういうやつは、何回やっても証明写真が変な顔になる呪いにかかれ！

まぁ、それほど芸人の考え方は学ぶべきものなのです。

なのでこの章で、あなたをお笑い芸人のような考え方、つまり「お笑い脳」に変えるために、「考え方をアップデート」していきます。

失敗が失敗ではなくなる!?

では、まず「失敗」についてです。失敗したらあなたはどう感じますか？
まぁ大抵の場合「イヤだ、ツライ、悲しい」と感じますよね。
芸人の場合はというと、失敗はもちろんイヤなんだけど、反面、**失敗したら「ネタができた」と思います。**芸人は必ず失敗を失敗談にするのです。

「何だ、失敗を話すネタにするだけか」と思った、そこのあなた！
実はこれはバカにできないほど大切なことなのです。

失敗というのは思い出したくもない出来事ですよね。

しかし、**それを「失敗談」として話し、人を笑顔にすることができれば、それって失敗じゃなくなりませんか？**

むしろ**起きて良かった**こととして捉えることができるんです。

例えば、芸人の粗品くんのエピソードで、ビートたけしさんの番組でエグいぐらいスベった話がありますが、それを相方のせいやくんが話して爆笑を取っていました。

本来、芸人が「スベる」ということは、その後の仕事にも繋がってしまうツライ経験です。しかし、別の現場で笑いが起きれば、それは「起きて良かったこと」と肯定することができるのです。

すると、**「スベるとネタになる」という考え方が成立します。そうするとスベるリスクがある行動を選択しやすくなります。**ここが大切なんです。

失敗を恐れてしまっては、挑戦ができなくなってきます。そうなってしまう人生のほうが、よほど失敗といえます。

「それは芸人だからでしょ」と考える人もいるかもしれませんが、どんな人にも共通します。過去を肯定できなければ前に進めません。だから、考え方をアップデートしてほしいのです。

残念な脳

失敗はツライ、考えたくない→挑戦が怖くなっていく

お笑い脳

ツライけど、話すネタにしてみよう→挑戦が怖くなくなっていく

何も「失敗を笑い話にばかりしろ」というわけではありません。もし誰かが失敗したとき、あなたの失敗談がその人を安心させる話になりうることもあるでしょう。それでいいのです。それであなたの失敗は「起きて良かったこと」に変わるのです。

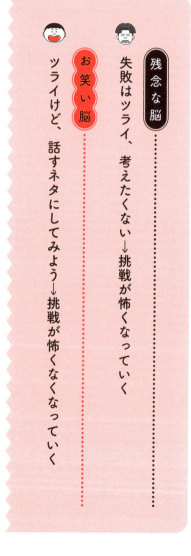

誰かが、あなたの失敗を聞いて笑ったり安心したりできるって、それってものすごく価値の高いことだと思いませんか？　僕は仕事も大事だけど、人を笑わせたり元気づけたりすることも大切だと思っています。

だから、まず失敗を楽しく話せるようになりましょう。そして失敗しても肯定できるようになってください。

それができれば、あなたに良いサイクルが生まれ、人生は変わっていくはずです。もしそれでも失敗がツラかったら、僕の変顔画像をプレゼントします。ＳＮＳでＤＭください。

（合言葉は「助けてしばぴー」）

合言葉お待ちしております。何やこの回！

愛されない完璧よりも、愛される失敗

人から好かれたい。可愛がられる人間にどうやったらなれるんだろう。

そんな願いを持った方、たくさんいると思います。

基本的にお笑い芸人は人から好かれたり、可愛がられたりしなければ活躍できない職業といわれています。

それもそのはず、**好感度はウケることに直結している**からです。

例えば、あなたの嫌いな人を思い浮かべてください。その人がおもしろいトークをしたときに、その話で心から笑えますか？

大体の方は「笑いたくない」と思うはずです。反対に、自分が大好きな人がおもしろいトークをしたときには、少々つまらなくとも「笑ってあげたい」と思うでしょう。

つまり、**好感度が高いとウケやすくなる**といえるわけです。

その証拠に長期にわたってテレビに出ている人は、どこか可愛らしく優しそうで愛嬌のある人が多いはず。（ほんのたまに、めちゃくちゃ嫌われて売れる人もいるけどね）

だからこそ、芸人は日々「どうすれば人から愛されるのか？」と向き合っています。

ここでは、そんな愛される芸人が使っている好感度を上げるための考え方を教えましょう。まず、質問をさせてください。

「あなたは失敗している姿を見られたら、どう感じますか？」

1. 恥ずかしい
2. 仕方ない
3. 興奮する

ここで選んだ選択肢によって、人からの好感度が変わります。

「❶恥ずかしい」を選んだあなたは、残念ながら可愛げがないと思われてしまいます。

そもそも好感度を上げたいのなら、人は他人のどういうところに可愛らしさを感じるのかを知ることです。

実は人間は他人の「弱さ」を知ったときに、その人に親しみを感じます。

例えば、仕事先で「何もかもが完璧だと思っていた人」が飲みに行ったときに、「僕、恋愛は振られてばっかりでうまくいったことないんですよ〜」と言ってたらどうでしょうか？　一気に親しみがわくはずです。

これは、完璧だと思っていた人が弱さを見せることで、「この人もただの人間じゃん」と安心できるからだと考えています。

このことから、**人は「完璧」には親しみがわかず、「欠点」には親しみがわく**ということが成り立ちます。

欠点ばかりの天然芸人が、お茶の間で愛されるのはこうした理由です。**欠点は隠したり**

恥ずかしく感じたりせず、さらけ出していくことが大事です。

なので、さっきの質問に「②仕方ない」を選んだ人は、「好感度が高い人」になります。おめでとうございます！

「③興奮する」を選んだ人は、ただの変態です。できるだけ自分の部屋から出ないでください。

ちなみに「欠点を見せる」手法は漫画の世界でもよく知られており、漫画のキャラクターを作る際は、必ず「強み」と「欠点」を作るようにするらしいです。そうすると読者はその弱さに親しみがわき、より一層キャラクターに魅力が出るようです。（『ワンピース』のゾロが方向音痴なのはそういうことですね）

人間も同じように「良い部分」ばかり見せるのではなく、欠点をさらすことは魅力をアップさせることに繋がります。

しかし当たり前ですが、欠点ばかり見せているとナメられるし、時によっては信頼を失うケースもあります。

ですから、僕が伝えたいのは「完璧を目指して欠点を一切見せない生き方はしんどいから、少しはさらけ出したらどうかな？　それはそれで愛されるんだよ」というものです。

愛されない完璧よりも、愛される失敗です。

残念な脳

失敗はダメ。完璧でいなくちゃ

お笑い脳

失敗をしたらしたらで、それは愛されるから隠さない

人気者は○○を与え、嫌われ者は○○を与える

突然ですが、人って会話に何を求めてると思いますか？

芸人300組以上に携わってきた僕が出した結論は――

わかりません。


冗談冗談です！ 出した拳をおさめてください。では本当の結論を言います。

それは**「安心感」**です。

人気者に人が集まるのは「安心感」を与えるのがうまいからでしょう。

よくコミュニケーションアップのノウハウ本でも書かれている次のような動作は、全て相手に安心感を与えますよね。

- **相づちを打つ**
- **笑顔でいる**
- **リアクションを大きくする**

逆にするとどうでしょう。

- **相づちを打たない**
- **ずっと真顔**
- **リアクションが一切ない**

あ〜ら不思議（テーレッテテ〜！）、逆にしただけで不安を与えるような動作になりましたね。こういう人と会話をしていると、「私との会話つまんないのかな？」「話を聞いてくれているかな？」と考えてしまって楽しめません。

つまりこのことから、**人気者は「安心感」を与えることが多く、嫌われ者は「不安」を与えることが多い**というのがわかりますよね。

他に不安を与える話題には、どんなものがあるでしょうか？

- **政治的な話**
- **差別的な話**
- **悪口**

こういったテーマは「この話ってしてもいいの？」と考えさせてしまい、会話に身が入らないでしょう。漫才のネタもこうした題材で作ると、お客さんを「このネタ笑っていいのかな？」という気持ちにさせてしまい、ウケることが難しくなります。

人気者になりたければ、いや人気者を目指していなくても、人間関係を円滑に図る上で、不安を与えず安心感を与えるためにはどうしたらいいか？　を考え抜くことが大切です。

では「安心」と「不安」はどういったことで生まれるのでしょうか。

これから自分で考えていくために参考になるような例をいくつか出してみました。（優しいからって惚れちゃダメだよ）

●安心を生む人
話すテーマが安全、場に適切な声量、相づちがある、表情が豊かで感情がわかりやすい、よく笑う、気が利く、滅多なことで怒らない、褒めてくれる

●不安を生む人
話すテーマが危険、声が大きすぎるｏｒ小さすぎる、相づちがない、表情の変化がない、貧乏ゆすりをする、すぐ怒る、悪口ばっかり

サッと考えただけでもこれだけあります。（俺にかかればこんなもの2秒よ）
見たら、何となくでも何が良くてダメなのかわかるはずです。
これらを理解したら、次は自分で**「何が安心感に繋がるか」**を考えてみてください。それが習慣になれば、「人のために」を考えられる人になるはずです。そういう人に、街路灯に集まってくる虫のように、自然と人は集まってくるでしょう。（たとえ、キモくてごめんね）

ちなみに**お笑いのツッコミも「安心感」を与える行為**です。場にツッコめる人がいれば「何を言ってもおもろくしてくれる」という安心感が生まれます。だから「なんでだよ」や「なんでやねん」とツッコめることは、安心感を作る引き出しになるのです。

しかし、そんな便利なツッコミでも、次のように人のことを下げるツッコミは、ツッコミではありません。むしろNGです。

「お前の話さっきからずっとつまんねぇんだよ！」

「ブサイクなのにさっきから何カッコつけてんだよ！」

人から好かれるツッコミとは、**「スべった人を助けるツッコミ」や「言い間違い、聞き間違いなどの失敗をした人をフォローするツッコミ」**などです。

（ダジャレでスべった人に）

「今、令和やで？　ダジャレ1本でウケるか〜！」

（「昨日『ユーリンチー』食べたの？」と言おうとして）「昨日『遊園地』食べたの？」

「いや俺、『遊園地』は食べないから！」

こうした人を助けるツッコミを心がけていきましょう。

残念な脳

「人の気持ちはどうでもいいや」と何も考えない

お笑い脳

「安心を感じてもらうためにはどうしたらいいだろう？」と考える

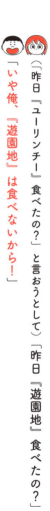

売れている芸人に共通すること

仕事柄、売れ続けている芸人さんとそうではない芸人さんどちらとも仕事をしたことがあります。あるときに「売れ続けている芸人の共通点は一体何だろう」と考えました。

もちろんネタを作る能力や華なども大事です。

しかし、それは売れていない芸人さんでも持っていることもあります。そして3分ほど考えた結果（少なっ）、これかもという答えにたどり着きました。

売れ続けている芸人さんに全て共通しているのは**「サービス精神がある」**です。

サービス精神とは、**「人を喜ばせようとする心」**という意味です。

例えば、『すべらない話』という番組があります。芸人が集まって自信のあるおもしろいトークをするという番組です。なので、必ず聞き手に回るときがあります。大抵の視聴者の方は、芸人の話し方や話の内容に注目しますが、同業者は話を聞いている姿にも注目します。（プロってすごいでしょ?）

その番組でレギュラーといってていいほど出演している千原ジュニアさんは、誰もが認めるトークのスペシャリストでしょう。しかし、僕がジュニアさんのトーク以上に注目しているのが、**話を聞いているときの「合いの手」や「リアクション」**です。

それはジュニアさんがその場の誰よりも、「話し手の人がどうしたら話しやすいか?」を考えているからの行動だと思います。自分が話し終えたら「他の人の話はどうでもいい」そんな心が微塵もないことがわかります。

他にも、友達のテレビの編集マンが、ある芸人さんのことをとても評価していました。僕は、その芸人さんのすごさを理解しておらず「意外だ」と言うと、その編集マンは「その芸人さんのすごさは一緒に仕事をした人にしかわからない」と言うのです。

詳しく聞いたところ、その芸人さんは収録中に、動画を編集する人の気持ちを考えてトークを回すそうです。

例えば、ゲストのトークに取れ高がなさそうだと感じたら、さらに話を引き出そうとしたり、編集が「使えない」と判断するだろうと感じるときは、サラッと流して次の話に移ったりと、編集する人の仕事が楽になるようにMCをしています。

もしも取れ高のために話を変えたり引き出したりしなければ、使えないトークを無駄に確認する時間が長くなり、盛り上がらなかったトークをどうにか工夫して放送しなければいけなくなります。編集の苦労が増えますよね。

こうしたことまで考えてMCができるというのは素晴らしいことです。（僕もできるようになりたい）この芸人さんはこういう人のためになることを重ねていき、今やテレビに引っ張りだこです。（誰か知りたい？　内緒〜！）

こうした技術は「サービス精神」から生まれるものです。

この本では、様々なコミュニケーションの技術を教えていきます。しかし、その根本には「サービス精神」が必要だということを、忘れないようにしていただきたいのです。

「自分だけが」「自分さえ目立てたら」なんて自己中心的な人が、お伝えする技術を使っても大した効果は得られません。

サービス精神から素晴らしい行動が生まれるように、自己中心的な気持ちはこうした行動が生まれます。

- **人の話を取る**
- **自分ばっかり話す**
- **人の話になると聞こうとしない**

このことからもわかるように、技術うんぬんの前に「人のために」と考えられるようになることがコミュ力を高める近道です。

いかなる場面でも「どうしたら人が○○になるか？」と考えるクセをつけましょう。

- どうすれば話しやすくなるか→相づちやリアクションを頑張ろう
- どうすれば話していない人が話せるか?→話を振ってあげよう
- どうすれば誰かがスベった空気を変えられるか?→フォローするツッコミを入れよう

こうしたことを実行するのは負荷がかかって大変ですが、筋トレと一緒です。楽なことばかりしていても筋肉はつきません。人のために大変なことをやる。すると当たり前のようにできるようになってきます。そうやってその部分の筋肉を、ボディビルダーぐらいムキムキにしていきましょう。

一気に全てをやる必要はありません。あなたのできることをちょっとずつ増やしていってください。ゆっくり自分のペースで「お笑い脳」になればいいのです。

残念な脳
自分さえ良ければ良い

お笑い脳
人のために何かできることはないかな？

大事なことはサービス精神から、というのを忘れないでくださいね。

「つまらない」と言う人は自分がつまらない

よくいろんなことに「つまんない」と言う人っていますよね。それって実は、**自分が「つまらない人間」だということを露呈している**んです。

「え？　つまらないものはつまらないでしょ」と感じる気持ちはわかります。しかし、一度僕の話を正座して聞いてほしいです。（正座はウソウソ）

例えば、番組でスベっている芸人を見て、ＳＮＳで「つまらない」と言う人がいますが、その場の芸人たちはそのスベっている様で笑っていることがあります。

なぜ、視聴者は「つまらない」と感じているのに芸人は笑うことができるのか？　そこにヒントがあります。

1つ言っておくと、同業者に気を遣って愛想笑いをしているわけではないです。

それを見て「つまらない」と思う人と、それを「笑える」芸人の違い、それは**「自分で楽しむようにしているかいないか」**の差です。

例えば、50歳ぐらいの売れていない芸人が叫んでいるネタを見たとします。それを「ただ叫んでいるだけじゃん。つまらない」と評価するのは簡単です。

しかし、それでは「おもしろがれる能力がない」ということになります。

では芸人はどうやっておもしろがっているのかというと、頭の中やその場でツッコんでそれを楽しめるようにしています。先程の芸人の例だと、「いい歳して何やってんだよ」「そんなの伝わるわけないだろ」とかツッコむとそれがおもしろく感じます。

つまり、「つまらないものとしてそのまま見るのか」「おもしろく変えようとして見るのか」の違いなんです。

もちろん感想は自由です。つまらないものは「つまらない」という感想を出すのもたまにはいいでしょう。しかし、そればかりでは人生というのはつまらないことが多くなってしまいます。

つまらないことを自分でおもしろがれば、人生におけるつまらない時間を減らし「楽しい」と思える時間が増えます。それは大きなメリットだと思うんです。

だからこそ、与えられたものをそのまま受け取るだけでなく、楽しめるように持っていくという選択肢を持つことが大事です。

別にこれはお笑いに限った話ではありません。

例えば、ミュージシャンのオールスタンディングのライブに行ったときは、自分が楽しめる場所で見ませんか？（偉そうに言うてるけど僕はライブには行かん）

騒ぎたい人なら前のほうに行くし、ゆっくり楽しみたい人は後ろのほうで静かに見る。そうやって自分が楽しめる場所に移動するのもこれと同じだと思います。

それを人の流れに身を任せて最前列に行って、「自分は落ち着いた場所で見たかった」なんて言っても仕方がないのです。自分で楽しめる場所に移動する努力が必要なんです。

楽しむ努力をするのが苦痛ならしなくてもいい。だけど、そうした選択肢があっても損ではありません。

ではどうやって楽しめる技術を手に入れるのかというと、まず頭の中で、**いろんなことを「かも」と「だろう」で想像するクセをつけていく**のが良いです。（教習所で習ったよね、「かもしれない運転」あの感じ）

50歳ぐらいの芸人が叫んでいるネタを見たときなら、「こんな芸風なのに裏では静かかも」「ネタ帳に何て書いてるんだろう」「何でこの芸風でいけると思ったんだろう」「おじいさんとかおばあさんぐらいの人がこれを見たらどう感じるんだろう」などなど自分が笑えるように想像する。

そうすることで楽しめるクセが身につきます。これができるようになると、自分がつまらないと感じている人と遊んでも、その人をおもしろがれて楽しく感じたり、その人にツッコんで周りの人を笑わせたりすることもできるようになります。

こうして小さな変化は、あなたの人間関係さえも変えていくのです。そして、人生の笑顔になる回数も変えてしまいます。つまらないと思ってしまったときは、「かも」「だろう」で想像するクセをつけてみてくださいね。

この本だって、作者は全裸で書いてるの「かも」とか、想像して読んだら楽しめるかもしれません。（まぁ事実だけどね）自分の力で人生は楽しくしていきましょう。

残念な脳

つまらないものをつまらないと見ている

お笑い脳

つまらないものは頭の中で、「かも」「だろう」でおもしろく変えている

会話が盛り上がらないのは〇〇があるから!?

会話が盛り上がらなかった経験ってありませんか？　それはとある思い込みが原因の可能性があります。雑談を盛り上げたい場って、大抵こういうときだと思います。

- 初対面の会話
- 仕事先のお客さんとの会話
- 商談時のアイスブレイク

しかし、こういう場ではいつもの自分のように話せないことが多いですよね。（あと気になる子との会話！　あれは、なぜなんだ!!）

大抵の人は会話するときに、こんなことを意識していると思います。

- **共通点を探す**
- **話をしっかりと聞く**
- **リアクションを大きくする**

これも別に間違いではありません。しかしもっと重要なことがあります。

それは**会話のハードルを下げる**ことです。会話のハードル？　と言われてもピンと来ない人も多いと思います。なので1から説明していきましょう。（特別やで！　もう！）

まず、会話はこのような話題から話すことが多いですよね。

- **お仕事、最近どんな感じですか？**
- **出身はどちらですか？**
- **趣味は何ですか？**

しかし、これらは盛り上がりにくくしている原因になります。

なぜなら、**「中身のある話」**だからです。（ここテストに出るよ〜！）

「中身のある話」とは「意味のある話」と置き換えられます。仕事や出身地や趣味を聞くのは、話題として話す意味があるように感じますよね。

ここなんです。僕たちは話す意味があるような会話をしなければ、相手に申し訳ないと思ってしまいます。しかし、その思い込みが実は自分の首をしめているわけです。

会話というのは「話す意味があるかないか」を頭の中で選択しながらできるほど、簡単ではありません。

そうした頭の中で選択をしながら話そうとすると、会話を窮屈にしていきます。結果、会話が続かずに沈黙になってしまいます。だから、沈黙に耐えられず何のメッセージも届いていないのに確認しているフリをすることに繋がるんです。（俺これ1万回はした）

これが会話のハードルを高くした結末です。（まさに悲劇）

解決方法は至って単純です。**「中身のない話」をすることです。もう少し言うと「話す意味のない話」をすることです。**

例えば、こんな話題はどうでしょう。

- **暑いですね～　アイス食べたくないですか？**
- **来るときに道にめっちゃ迷っちゃいました～**
- **この近くって焼肉屋多いんですよ～**

どうでしょうか？　どうでもいい話題ですよね。しかし、この「どうでもいい」が会話のハードルを低くします。自分の中で「どうでもいいと思っていること」を話すと、どんどん会話を楽に考えることができるんです。

アイデアを出す会議とかでもありません？　自分で発言するハードルを高く設定しすぎて何も言えないという状況。

そんなときは少々いい案でなくても発言していくと、「発言するハードル」が下がってアイデアをどんどん発言しやすくなります。結果、どんどんいろんなアイデアが浮かんでくるようになる。

それと同じように「最初にどうでもいいことを言う」と、次の話題を話し出すのも楽にできるようになります。

さらに、どうでもいいことを言うと他にもメリットが出てきます。

相手から「仕事の調子はどうですか！」と聞かれるのと、「暑いですね〜アイス食べたくないですか？」だと、どちらのほうが長く会話ができそうでしょうか？

大抵は後者だと思います。

つまり、どうでもいいことを言うことは、相手に「どうでもいいことを話してもいいよ」って伝えるメッセージにもなるのです。

そりゃそうですよね。相手が「アイス食べたいですよね」と言ってきたから、「僕はアイスよりもプリン派なんですよね～」と返したのに、「何どうでもいいこと話してんねん！」とキレるやつはさすがにいないですから。

それで怒られたら「お前が最初にどうでもええこと話したんやろ」となりますからね。「THE 誰が言うとんねん」ですよ。

つまり、中身のない話をすると結果としてお互いの会話のハードルを下げることができるということです。

思えば、仲の良い友達や家族と話すときは、勝手に「中身のない話」をしていますよね。だから盛り上がりやすいし会話が楽に感じるのです。親に対して「盛り上げるためにはどうしたらいいんだろう」と言うやつはいないですからね。（いたらごめんやで）

このように、「どうでもいい話」は「どうでもいい（会話のハードルを下げる）」という価値があるということです。会話が盛り上がらなくて悩んでいる人は、ぜひ中身のないことを言うようにしてみてください。

でも「今日可愛い形の雲見つけたんですよ〜」「チョコレート食べたいですね〜」「さっき可愛い猫見つけたんですよ〜」なんて、どうでもいいことばかり言うてたら、「頭大丈夫か？」と思われかねないので、どうでもいい話はおり交ぜる程度にしましょうね。

残念な脳

意味のある話で会話を盛り上げよう！

お笑い脳

お互いの会話のハードルを下げるために、中身のない話をおり交ぜる

良いネタ台本とは？

300組以上のお笑い芸人さんのネタ作成をしてきて、「良い台本」というのはどういうものかがわかってきました。みなさんはどのような台本だと思いますか？

僕がたどり着いた答え――
それは**「その人だからこそおもしろいという台本」**です。

もう少し説明すると「その人じゃないとできない台本」になります。「何だ、そんなことか」や「調子乗んなメガネ！」と思う人もいるでしょう。しかし、長年これに気づかずに、芸人を続けている人もいます。（昔の僕とかね、あと僕とか）

例えば、僕のネタ台本だったとして、今この本を読んでいるあなたがやってもおもしろいし、僕がやってもおもしろい、そんな台本はあまり良い台本ではないということです。「え？　ウケたらいいんじゃないの」と思うでしょうが、それでは大きな笑いは取れません。爆笑を取れる台本は、「僕がやったらウケる、だけど他の人がやったらスベる」そんな台本です。

例えば、R－1で優勝したハリウッドザコシショウさんのネタは彼だからウケるのであって、他の人がやればスベる可能性が大きいでしょう。ハリウッドザコシショウさんだからこそ、おもしろくなっているネタなのです。

つまり「その人だからこそおもしろい台本」というのは、**「その人の人間性を最大限生かした台本」**だといえます。だから他の人は真似できないのです。

反対に、伸び悩んでいる芸人さんに多いのは、良いネタを作ろうとして、自分だからこそのネタに向き合えていない人です。（昔の俺とかね、あと俺とか）

加えて「憧れの芸人さんみたいになりたい」と真似ている人も、伸びない傾向にあります。憧れというのは憧れであって、自分に最適ではないからです。

僕も昔はダウンタウンさんに憧れて尖った芸風でやっていましたが、てんでダメでした。しかし、ひょんなことから自分がイジられる側の人間だとわかってから、コミュニケーションに変化を加えてうまくいくようになった経験があります。（認めたくないものだな、若さゆえの過ちというのは）

だからといって憧れの人の模倣を否定するわけではありません。初めは模倣によって得られることがあると思っているぐらいです。しかし、いつまでも模倣を続けていてもその先はありません。

模倣の経験をもとに、自分にとって「どういうことが良かった」「どういうことがダメだった」というヒントを見つけて「自分」を探っていくべきです。

そう、何が言いたいのかというと、**そこからは「あなただからこそというコミュニケーション」に向き合わなければいけません。**（ここからが本当のスタート。しんどいだろうけど諦

めないでね）

だから、技術をやみくもに取り入れずに、「僕だから」「私だから」と選んでいくことが大切なんです。もちろん、下手な鉄砲数打ちゃ当たる作戦でいろんな技術を試して見えてくるものはあります。

しかし、それらは「自分ってどういう人」なんだろう？　と考える思考がないと意味がなくなります。だから「自分を探す」という目的意識を持っていただきたいのです。

ヒントは過去にあります。

●どういったときに笑いが起きたのか？

イジったとき？　イジられたとき？　毒舌を言ったとき？

何かに失敗したとき？　ボケたとき？

●どういった発言をして周りを引かせてしまったか？

怖い発言？　どんな怖い発言？　毒舌？　下ネタ？

こうした過去に1つ1つ向き合って、「あなたはどういうふうに見られやすい人なのか?」に仮説を立てていきます。

- **他の人が下ネタを話していい空気だったのに、自分が下ネタを話したら引かれた**

↓清純なイメージがあるからダメなんだ

- **怖い冗談を言うとウケなかった**

↓怖い風貌の自分が怖いことを言うと、引かせてしまうことになるんだ

(さらにそこから「そんな怖い風貌の自分が、『キティちゃんが好き』と言うと、ギャップでおもしろくなるのではないか?」まで考えられたら花丸です!)

自分を生かすためにはまず自分を知る。コミュニケーションもそこからです。

ボクシング選手も、パワータイプなのかスピードタイプなのかで、試合での立ち回りや練習は変わってきます。同じく、「自分とは何なんだろう」と自分を考えることを怠らないでほしいのです。

これからの章でいろんな技術を伝えます。

ただ、**その技術を「私のキャラだったらこうしようかな？」「私は恥ずかしくて使えない」と、自分の心で判断してほしいのです。**そうすることで、きっと「自分」という輪郭がだんだん見えてくるはずです。

今日から「あなただからこそのコミュニケーション」に向かって走り出しましょう。

それはきっとあなたの人生を楽しく生きやすくしてくれるでしょう！

残念な脳

いろんな技術を取り入れなきゃ！　憧れのあの人みたいに振る舞おう！

お笑い脳

自分を知ろう。自分だからこそのコミュニケーションをするぞ！

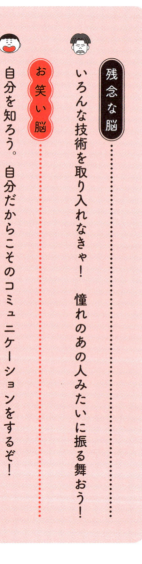

芸人のテクニック1

COLUMN

天丼

各章の最後には、お笑い芸人がやっているテクニックを紹介します。難しいと思いますので、はじめは「そんなことしてるんだ〜」と読み流すぐらいで大丈夫ですが、高みを目指す方は、ぜひ普段の会話でも実践してみてください!

はじめに紹介するのは**「天丼」**という技術。決して食べ物の「天丼」のことではありません。ここで食べ物の「天丼」の話をするような人は、病院で診てもらったほうがいいでしょう。

「天丼」がどういうボケかを説明しますと、**「インパクトがあったワードを違う場面で使う」**といった感じです。

「斎藤さんってメガネかけているから、メガネザルってあだ名をつけられているんだって！　お前なら、何てあだ名つける？」

「ん～メガネ博士！」

「それ、おもしろくないよ～（笑）」

――違う話題を経て

「そういえば、最近ペット飼ったんだ～！　名前何だと思う？」

「ん～メガネ博士？」

「ちげーわ（笑）それ、さっきあんたが言ったやつだろ」

このように、自分で言った「メガネ博士」というパワーワードを、別の場面で使うことでおもしろくします。これが「天丼」です。（どーん！　天丼だけにね）

また、「天丼」には、この「自分でワードを使う」パターン以外にも、**「人のワードを使うパターン」**があります。

「こないだ歩きタバコしている男がいたんだけど、ああいうやつは全部切り身にしてやろうかな！」

「切り身って（笑）」

――違う話題を経て

「あなたって、服装ダサいよね」

「切り身にしてやろうか？」

「それ、さっき私が言ったやつでしょ（笑）」

「天丼」のコツは、**会話中に生まれたパワーワードをよく覚えておく**ことです。頭の片隅にパワーワードを置き、使える状況が来たらそれを言い放つ。それだけです。

あと「天丼」で笑いの量を増やしたい場合は、なるべく**すぐには言わない**ことが大切です。「天丼」はパワーワードが生まれてから時間が経つほど、パワーが上がります。

みんながパワーワードを少し忘れてきたときぐらいに使えれば、「さっき、そんなこと言ってたなぁ」とさらにおもしろくなるのです。

しかし、そんな「天丼」にも注意したい点があります。それは**会話にマッチさせる**ことです。「パワーワードを好きなタイミングで使えば良いだけでしょ」と思っていたら、大間違いです。会話の流れに自然でなければ大変なことになります。

次はダメな例です。

「こないだ歩きタバコしている男がいたんだけど、ああいうやつは全部切り身にしてやろうかな！」

「切り身って（笑）」

——違う話題を経て

「あなたって、仕事順調？」

「切り身にしてやろうか？」

こんな的外れな返しだと「どういう意味？」となって空気が凍ります。なので、きちんと会話の流れに沿った形で使いましょう。

第2章

ピンチをチャンスに変える お笑い脳

コミュニケーションはセンスじゃない!?

よくSNSで笑いの技術などを伝えていると、「コミュニケーションはセンスだ」「コミュニケーションがうまくなる意味なんてない」なんてコメントが飛んできます。（あとは「メガネが調子乗んな」とかね。人のこと身につけてる装飾品で呼ばないで！）

しかし、笑いの技術を学んだ人が、コミュニケーションがうまくなった事実を見てきたし、「笑いを取れるようになって会話が楽しくなった」との声も多くいただきました。

ここでは、どのようにしてコミュニケーションスキルをアップさせるのかをわかりやすく解説したいと思います。（僕はとてもとても優しいメガネなんです）

まず、コミュニケーションは確かにセンスもありますが、コミュ力が高い人は**「会話のパターンを知っている」**と理解してください。

例えば、イジられたときは「Aパターンで返そう」とか、苦手なあの人のボケには、「Bパターンのツッコミをしよう」とかを決めていくわけです。

そうすれば、ふとした瞬間にも反応できるし、苦手な人への対処もできるわけです。コミュニケーションが苦手な人は、パターンも知らないし決めてもいないので、そのときに対応できる言葉を探さなければなりません。

つまり、コミュニケーションとは「パターン」を作って、それを実践した経験によって上手になります。

トランプの「七並べ」でたとえるなら、場に6のカードがあるときに、手元に5のカードがあれば出せますよね。しかし、何のカードもなければ出せません。

コミュニケーションのパターンを覚えることは、こういったときのために様々なカードを揃えるというイメージなんです。

それが自分に合った技術かどうかは、吟味しないといけないですが。

いろんなカードがあれば、1でも2でも3でも対応できるようになります。なので、あなたがコミュニケーションのパターンを知っている数だけ手札が増えると思ってください。（これ、良いたとえだと思わない？）

僕は笑いにするパターンも教えたりしますが、それを「必ずしろ！」と言っているのではなく、「コミュニケーションの選択肢を増やそうね」と伝えているつもりです。だから、「何でも笑いにしろ！」なんてことは思っていません。

多くの技術をこの章から事細かに伝えていきます。それらを自分の選択肢を増やすためだと思って、選んで使ってください。手札が増えれば増えるほど、あなたがコミュニケーションで困っていることも解決できるかもしれません。

この第2章では主に、イジりや失礼な発言など、イヤなことを言われたときの返し方をお伝えしていきます。ぜひ楽しく知ってもらえたらなと思います！　うまくいかなかったら、KADOKAWAに文句を言ってくださいね。

残念な脳

コミュニケーションは成長しない、うまくなるメリットもない

お笑い脳

- コミュニケーションはパターンを覚えること、そうやって選択肢を増やすことが大切
- うまくなれば人間関係の幅が広がりメリットが増える

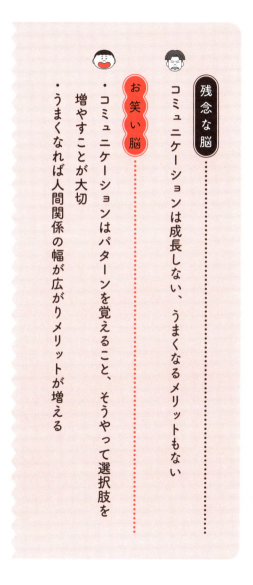

「バカ」と言われたら「アホだから」と返そう

「お前ってほんとバカだよね〜（笑）」
会話していたら、こんなふうに不快なイジり方をされるときってありますよね。
先日、芸人の板尾さんがテレビ番組でこんなパターンで爆笑を取っていました。

MC「こないだ後輩が、ほんこん（板尾さんの相方）はダウンタウンの『おまけ』や、って言うてたらしいよ」

板尾「ほんこんは、ダウンタウンさんの『おまけ』じゃないです。『付録』です」

ほんこん「意味一緒やんけ！」

これおもしろいのが、MCの言った「おまけ」を訂正した後に、同じ意味の「付録」と言ってるんですよね。

こんなふうに不快な発言をされたときは、**否定して「同じ意味を持つ別の言葉」で訂正**しましょう！ そうすると相手に「訂正したのに同じ意味のことを言うな」と思わせて楽しませることができます。

お笑い脳の会話1

「って、ほんとバカだよね～（笑）」

「バカじゃないから！ アホだから」

「意味一緒だろ（笑）」

類語が思いつかない場合は、ネットで「〇〇（調べたい言葉） 類語」などで検索すれば出てくるのでオススメです。

お笑い脳の会話2

「ってサルみたいだよねー！」

「サルじゃないから！　モンキーだから」

「意味一緒だろ（笑）」

こんなふうに英語で返すのも簡単です。

これからクイズを出して行くので、を「あなた」だとして、回答を考えてみてください。

クイズ

「って部長のパシリみたいだよね」

「パシリじゃないから！　〇〇だから」

「意味一緒だろ（笑）」

回答例

「召し使いだから！」

「飼い犬だから！」

「腰巾着だから！」

お笑い脳

イヤなことを言われたら「〇〇じゃない！　〇〇だから！」と同じ意味の別の言葉で訂正

失礼な発言への余裕のあるかわし方

普通の会話1

「○ちゃんって少し太った？」

「ちょっと失礼ですよ！　そういう発言！」

「ああ、ごめんごめん」

こんな感じで失礼なことを言ってくる人っていますよね。しかし、怒ってしまうと余裕のない人間に見えてしまうのも事実。

そういうときは相手の発言を受け入れながらボケてみましょう。

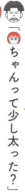

お笑い脳の会話1

「ちゃんって少し太った?」
「ん～何でだろ? 毎食ご飯3杯食べてるだけなんだけどな～」
「いや、理由それだろ!（笑）」

このように相手の言ったことに対して、「疑問を抱き→太る明確な理由」を言うことでおもしろくなります。笑いにすると、余裕のある人に見えますよね。

お笑い脳の会話2

「って女性にモテないよな～」
「ん～何でだろ? 毎日、風呂入ってないだけなんだけどな～」
「いや、入れよ（笑）」

勘の良い方は気づいたかもしれませんが、この技術のミソは「モテない明確な理由」の最後に**「だけなんだけどな」**と言うところにあります。これは「会話1」に関してもそうです。「だけなんだけどな」というこの言い切りこそが、相手から「だけじゃなくて！原因は全部それだろ‼」というツッコミを引き出して、おもしろくしているのです。

クイズ

「お前ってさ、いっつも金持ってないよね〜」

「〇〇」

回答例 「何でだろう？　毎日ゲームに課金してるだけなんだけどな〜」

お笑い脳

失礼な言葉には、疑問を抱きながら明確な理由を言う

イジられたとき可愛さが出る人

イジられたときにうまい返しができると、可愛がられることがあります。

反対にイジられたときにうまく返せなかったら、相手に「悪いことしたな」と思わせてしまい、一線を引いた関係になるかもしれません。

ここでは、そういったことを防ぐために少し可愛さが出るイジられたときの返し方をお伝えします。しっかりと学んで僕のように愛されるような人間になりましょう。（しばらく僕に誰からも誘いの連絡が来ていないの。もっとみんな僕を愛して……）

普通の会話1

「お前ってドジだよな〜」

「ほんとですか!? 気をつけます」

「いやイジっただけだよ。気にしないで」

イジりにうまく対応できなかった結果、場の空気が重くなってしまいました。

こんなときには、**「未来を示唆する返し方」**で対応しましょう。

お笑い脳の会話1

「お前ってドジだよな～」

「明日会社に僕が来なくても、探さないでくださいね」

「(笑)」

こんなふうに、未来で「行方をくらます」ことを示唆して笑いにします。

普通の会話2

「先輩ってドジですよね～」

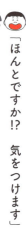

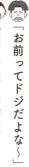

「ほんとに？　気をつけるわ！」

「いえいえ！　冗談のつもりでした！　すみません！」

後輩にイジられたときは、こんな感じに未来を示唆しましょう。

お笑い脳の会話2

「先輩ってドジですよね～」

「あ～もう一生おごらない!!」

「すみませんって（笑）」

これは、「今後はおごらない」と未来を示唆した返しになります。

普通の会話3

「お前って何か抜けてるよな～」

「あなたに言われたくない！」

「冗談のつもりだったんだ。すまん!」

お笑い脳の会話3

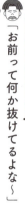

「お前って何か抜けてるよな～」

「**後で着信拒否しとくね!!**」

「ごめんごめん（笑）」

こんな感じで、未来で縁を切るようなことを示唆して返してみましょう。

お笑い脳

可愛げが出るように、未来を示唆する発言で返してみよう

すごいものと比較したらおもしろくなる

ヒドいことを言われたときは、**「すごいものと比較する」**という方法があります。

普通の会話1

「　ってさ、つまんないよね〜!」

「ヒドいな……」

「あ、ごめん!」

とても痛々しい空気になってしまっていますよね。

では、この状況ですごいものと比較してみましょう。

お笑い脳の会話１

「ってさ、つまんないよね～！」

「まぁ、ダウンタウンと比べたらそうかもね」

「誰と比べてるんだよ（笑）」

こんな感じで、**つまんないと言われたら「おもしろい人」のＴＯＰと比べることで、比べる対象に違和感を作りおもしろくします。**

お笑い脳の会話２

「ってさ、身長高すぎだよね」

「でもスカイツリーよりは低いですよ」

「そりゃそうだろ！（笑）」

こんなふうに、「高さ」をイジられたときは、「高さ」のＴＯＰ＝スカイツリーと比較しておもしろくします。

こうした負けて当たり前すぎるものと比べると、「そりゃそうだろ！」というツッコミを言いたくなるものです。では、何が起こっているのか整理しますね。

「〇〇と比べるとそうかもね」

「言われたもの」と「逆のすごいもの」と比較する

- 「つまんない」と言われた　↓　おもしろい人＝ダウンタウン

「ダウンタウンと比べたらそうかもね」

- 「絵が下手だね」と言われた　↓　絵がうまい人＝ゴッホ

「まぁ、ゴッホと比べるとね〜」

「でも〇〇と比べるとそうでもないよ」

「言われたもの」で「もっとすごいもの」と比較する

- 「身長が高すぎ」と言われた　↓　もっと高いもの＝スカイツリー

「でもスカイツリーよりはそうでもないよ」

- 「足が短い」と言われた　↓　もっと足が短いもの＝ドラえもん

「でもドラえもんよりは長いけど?」

あらかじめ、自分がよく言われる「気にしていること」を、このどちらかのフォーマットに入れるとどうなるかを考えておくと楽になります。

クイズ❶ (○○と比べるとそうかもね)

「お前って、喋りすぎだよな」

「まぁ、○○と比べたら口数は多いかもね」

「あれ無口キャラだろ(笑)」

回答例 カオナシ

クイズ2
（でも○○と比べるとそうでもないよ）

「お前って、喋りすぎだよな」

「でも○○よりかは静かだよ」

「そりゃそうかもだけど（笑）」

回答例 明石家さんま（さんまさん、すみません）

お笑い脳
すごいものと比較しておもしろくする

- 「○○と比べるとそうかもね」
- 「でも○○と比べるとそうでもないよ」

「〇〇するぞ」と制裁を予告しよう

次もイジりや失礼なことを言われたときに使える**「制裁を予告する」**という方法です。

お笑い脳の会話1

「君の鞄って安物でしょ? 見たらわかるよ」

「どこを殴られたいですか?」

「ごめん(笑)許して!」

このような感じで、失礼なことを言った相手に「制裁を加える予告」を口にするだけで会話がおもしろくなります。

お笑い脳の会話2

「後輩だけど芝山って呼び捨てでもいいっすか？」

「いいけど、都度お金を払ってもらうよ」

「イヤなんで（笑）やめときます！」

こうした暴力だけでなく、「お金を払わせる」といった制裁予告もいいでしょう。少しイヤなときは「暴力」で牽制しておいて、少し許せる程度の失礼なら「お金」で冗談っぽさを上げてもいいかもしれません。

この返し方を使う際に注意したいことは、**「キャラに合った制裁」を言わないと引かれる場合がある**ことです。

例えば、優しそうなキャラの人が言う「どこを殴られたいですか？」と、怖そうな人が言う「どこを殴られたいですか？」だと受け取り方が変わりますよね。（僕なら怖すぎてチビっちゃう）

これは、優しそうな人は冗談だとわかりやすいんですが、怖そうな人は冗談だとわかりにくいから起きています。なので、怖そうな人は制裁を少し柔らかくしてみましょう。
「会話1」を怖そうなキャラ向けにしてみます。

お笑い脳の会話3 （怖そうなキャラ ver.）

「君の鞄って安物でしょ？　見たらわかるよ！」

「おっ！　ちょっと屋上行こうか？」

こんな感じに、屋上がない場所で「屋上に行こうか？」や、他にも「ビンタされたいようだね」「どこをツネられたい？」といった表現にすると冗談っぽさが増すので「怖そうな人」でも引かれないでしょう。
自分が「怖く思われやすい人」かどうか考えて、どう使うかを考えましょう。

クイズ

「君ってモテないでしょ？」

「○○」

回答例

「さ〜て告訴する準備しよう〜!!」

お笑い脳

イヤな言葉には制裁を加える予告をする

※自分のキャラを考えるのも忘れずに

悲しいときは周りに物をねだろう

悲しいとき、イジられたとき、イヤな気持ちになったときには、周りから物を貰おうとすると笑いが取れます。

普通の会話1

（悲しい状況）

「私絶対さんとは付き合えないと思う（笑）」
「うわぁ～ショックだわ～」

この悲しい状況でも、ある物を貰おうとすると笑いに変えられます。

お笑い脳の会話1　（悲しい状況）

「私絶対さんとは付き合えないと思う（笑）」

「誰か、ハンカチ持ってない？」（涙を拭く動作）

「（笑）」

こんな感じで、悲しい状況のときは周りにハンカチを貰おうとしましょう。そうすると、**悲しい状況だから涙を拭おうとしている**と連想できて、おもしろく感じますよね。

普通の会話2　（イジられたとき）

「ってさ、IQ低そうだよね！」

「それは失礼すぎだろ～!!」

お笑い脳の会話2

「ってさ、IQ低そうだよね！」

「誰か殴れる物持ってない？」

「やめて（笑）」

こんな感じでイジられたときは、周りに「殴れる物」をお願いすると笑いを取れるでしょう。

最後にイヤな気持ちになったときのパターンを紹介しましょう。

普通の会話3

（イヤな気持ちになったとき）

「って、一生彼女できなそう！」

「ヒドすぎるぞ!!」

お笑い脳の会話3

「って、一生彼女できなそう！」

「誰か告訴状持ってきて〜!!」

「ちょっとごめんって（笑）」

このように、ヒドいことなどを言われたときは、周りに告訴状を貰おうとすると、牽制もできて笑いも取れます。

お笑い脳

自分の感情を、周りから物を貰おうとする発言で伝える

暴言には「ナルシスト返し!」

会話をしていて、暴言やネガティブなことを言ってくる人っていますよね。そんなときは、**無理やりポジティブな捉え方をすることで相手を黙らせることができます。**

題して**「ナルシスト返し」**です。（何か必殺技みたいだね～）

普通の会話1

「は正直タイプじゃない。ごめんね!」

「別にいいよ。私もタイプじゃないし!!」

お笑い脳の会話1

「は正直タイプじゃない。ごめんね！」

「好きの裏返しだよね。不器用だね〜！」

「違うから（笑）」

こういった場合も「好きの裏返し」ということでポジティブに捉えます。この返し方はぼる塾の田辺さんも使っていて、異性にイジられたときには「はい出た〜！　好きな子イジめるタイプ〜!!」と返して笑いにしています。

このポジティブ変換をするコツは、**過剰なほどナルシストになること**です。「自分は好かれてるはず」と思い込むことで、このような返しが思いつきやすくなるはずです。でも初めは勇気がいると思うから無理そうなら別の返しをしてね！

普通の会話2

「は家にもう帰っていいよ」

「じゃあ帰ります」

お笑い脳の会話2

「は家にもう帰っていいよ」

「そんなこと言って、帰ったら『寂しいよ～』って泣くくせに～！」

「泣かねぇわ!!（笑）」

普通の会話3

「ちゃんて気が利かないよね～」

「そうですかね」

お笑い脳の会話3

「ちゃんて気が利かないよね～」

「そういうところが好きなくせに～!!」

「好きじゃないわ！（笑）」

一点注意したいのは、本当にヤバいナルシストと思われてしまうとマズイので、ナルシスト発言をあえて言っている感じにすることです。**ワザとらしく言いましょう。**

クイズ

「お前ってさ、モテないでしょ？」

「〇〇」

回答例 「そっかそっか、私にかまってほしいんだよね？」

お笑い脳

暴言やネガティブ発言にはナルシストで返す

イヤミには第三者のように返せ

イヤミなことを言われたときって何て返したらいいか困りますよね。本気になって言い返して、「何、それぐらいのことでムキになってんの？」と思われるのも癪です。こんなときに使える便利な返し方を紹介しましょう。

それは、**「第三者のように返す」**です。

普通の会話1

「さんって、**整理整頓とかできなそうですね**」

「え？　そうかな？」

これを第三者のように返すとこうなります。

お笑い脳の会話1

「さんって、整理整頓とかできなそうですね」

「え～！　わかる～！　でも美人で憎めないよね～」

「いやあなたのことだから」

こんなふうに当事者なのにまるで第三者のように返します。こうやって返したら一枚上手の感じも出ますし、何よりこの返し方をすると、**悪いことを言われてるのになぜか「ひとごと」のように感じる**のです。（僕はめちゃくちゃ使ってます）

コツは、「風のウワサ」で聞いたことがあるぐらいの感じで伝えること、そして冗談だとわかりやすくするために「ワザとらしい」言い方にすることです。

さらに、自分でも褒める部分を足すと、「自分を褒めすぎる」というおもしろポイントを足せるのでオススメです。ぜひ、やってみてください。

普通の会話２

「さん、もう少し気が利くようになってほしい！」

「すみません」

「いやいや。そこまで凹まなくてもいいよ」

これを次のようにして第三者のように返していきましょう。

お笑い脳の会話２

「さん、もう少し気が利くようになってほしい！」

「あ～わかる～!!　でもあの人のそんなところも魅力ですよね～」

「お前に言ってんだよ（笑）」

気をつけてほしいのは、本当に注意されているときに使うと、怒られてしまうので状況に合わせて使うようにしてください。

最後に、この応用方法を教えます。実は褒められたときにも使えるのです。

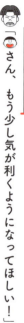

普通の会話3

「さんって、仕事早くてすごいですよね〜」

「ありがとう!」

お笑い脳の会話3

「さんって、仕事早くてすごいですよね〜」

「ああ、らしいね〜! 俺もさんって人が、仕事すごくて顔がカッコいいって話よく聞くわ〜!」

「何で他人の話みたいになっちゃってるんですか(笑)」

お笑い脳

イヤミには第三者のように返す

重たい空気を作ってしまったときの対処法

何かで失敗すると、場に緊張感が生まれることってありますよね。
例えば「お茶をこぼしてしまった」「遅刻で上司に怒られた」ときなどなど……場の空気が凍りついてしまったとき。
そんなときは**「過去の幸福だった出来事」**を言ってみましょう。

普通の会話1
（上司に怒られる場面）

「おい！　！　今日、遅刻したやろ！　後で会議室来い!!」
「……はい、わかりました」
（上司どこかへ行く）

「大丈夫？」

「うん、大丈夫」

こんな感じで何もしなければ周りに気を遣わせてしまいます。

ここでボケを使ったパターンを見てみましょう。

お笑い脳の会話1

「おい！　！　今日、遅刻したやろ！　後で会議室来い!!」

「……はい、わかりました」

（上司どこかへ行く）

「大丈夫？」

「あ〜あ〜。今日の朝、四つ葉のクローバー見つけたのになぁ」

「（笑）」

元々の状態よりも少し空気が軽くなりましたよね。

これは「幸福だった過去の体験」を言うことで、**現在の状況との落差が生まれ**、おもしろくなります。

お笑い脳の会話2

（居酒屋で）

「あっ！」（コップを床に落として割る）

「あ～あ、やっちゃった～」

（掃除しながら）「あ～あ～。さっきまでスキップしてたのになぁ」

「（笑）」

このような不幸な状況になった場合にも、過去にあったご機嫌な出来事のことを伝えるとギャップでおもしろくなります。

また都合良く誕生日とかなら、**「今日誕生日なんだけどな」**とか言うのもありです。（そんな偶然あるかしらんけど）

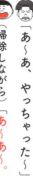

クイズ

「お前な！　ほんまにもっと仕事しっかりしろよ！」

「はい」

「トイレ行ってくるわ」

（いなくなる）

「あんまり気にしないでね」

「〇〇」

回答例

「あ〜あ、占いで1位だったんだけどなぁ〜」

お笑い脳

不幸な状況のときは、ご機嫌だったときのことを伝える

スベったときに使える起死回生の一言

会話をしていたらスベったり失言したりして、空気が止まってしまった経験はありませんか。そんな状況を打破できる3つの一言を教えましょう。

普通の会話1

「僕って天才ですよね」（ボケ）

「……え？」（スベった空気）

「すみません。ボケたんですけど。失敗しました」

「ああ、何かごめんね」

こんな絶望的な空間にいたくないですよね。では一言で空気を変えてみましょう。

お笑い脳の会話1

「僕って天才ですよね」（ボケ）
「……え？」（スベった空気）
「ああ、ちょっと家に帰ろうかな」
「そうだね（笑）帰ったほうがいいかもね（笑）」

こんなふうに、**スベって空気を悪くしたときは「家に帰ります」とすぐ反省しましょう。**
スベった後に「家に帰ります」と言う潔い姿は笑えるはずです。

普通の会話2

「〜〜、で俺の母ちゃんがLINEスタンプ作ったんだよね」（トーク不発）
「……あぁ」（スベった空気）
「何かすまん！」

こんなときはこれで起死回生を狙いましょう。

お笑い脳の会話2

「〜〜、で俺の母ちゃんがLINEスタンプ作ったんだよね」（トーク不発）

「……あぁ」（スベった空気）

「ここからおもしろくできる人いますか〜？」

「お前がしろよ（笑）」

こんな感じに周りに助けを求めましょう。

情けなく救ってもらおうとする様が、おもしろく映るはずです。

最後は、同僚が空気を悪くしたときに使える一言です。

普通の会話3

「はもっと頑張れよ！」（上司に失礼発言）

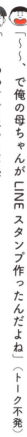

「え?」(引いてる上司)

(ヤバい、上司が怒ってる)

同僚がこんな地獄の空気にしてしまったときは、助け舟を出してあげましょう。

お笑い脳の会話3

「はもっと頑張れよ!」(上司に失礼発言)

「え?」(引いてる上司)

「ウチの子がすみません。後で言って聞かせるんで!」(の頭を下げさせながら)

「ほんとよく言っといてよ(笑)」

このように、**失礼を働いた人の親代わりになって謝罪しましょう。**その親のように振る舞う姿が滑稽に見えて少しは和むはずです。自分がスベったり失言したりしたときだけでなく、他人のピンチも救えるような人になりましょう。

お笑い脳

空気が悪くなったときを切り抜ける3つの一言

・「家に帰ろうかな」
・「ここからおもしろくできる人いますか？」
・「ウチの子がすみません」

カラみにくい人との距離感を取った会話術

カラみにくい人っていますよね。どんな人がカラみにくいでしょうか？

例えば、高圧的な人、プライドが高い人、すぐ怒る人。そういう人と話すときは、かなり気を遣いますよね。

つまり、カラみにくい人とは**「周りに気を遣わせる人」**とも置き換えることができます。気を遣う相手に何か発言しようとしても、「怒られたらどうしよう」「不機嫌にさせてしまうかも？」と頭をよぎってしまい、ついつい言葉を飲み込んでしまいがちです。

そこで、今回はそういった相手に使える、距離感を取ったコミュニケーションをお伝えしますので、「カラみにくい人」を克服しましょう。

普通の会話１

「俺ってカリスマすぎるだろ？」

「ええ……ああ……はい！」（「誰が言ってんだよ」ってツッコみたいけど……）

先輩がボケたのに対してツッコみたかったですが、がカラみにくい人だったのでツッコむのをやめてしまいました。これでは場が盛り上がりません。

ここは直接ツッコむのではなく、**周りを巻き込んでいきましょう。**

お笑い脳の会話１

「俺ってカリスマすぎるだろ？」

「あの～ちゃん！さんにツッコんでもらっていい？」

「ええ？　私ですか!!（笑）」

こんなふうに、**ツッコむ行為を周りの人にお願いしましょう。**こうすれば実際に相手にツッコむわけでもないので気を悪くさせませんし、ツッコミと同等の効果が得られます。

カラみづらい人に直接言わないことは、リスクヘッジになります。周りにお願いすることが安全圏からツッコむことになります。

続いてイジられたときの返しのパターンも見てみましょう。

普通の会話2

「って頭悪いよな〜!!」

「そんなことねぇよ!」（ツッコミ）

「ん?」（険悪な間）

こんな感じで、イジられたときに強い言葉を使うと、「誰にそんな言葉、使ってるんだ?」などと思わせてしまい、雰囲気が悪くなるかもしれません。そんなときはこのように返しましょう。

お笑い脳の会話2

「って頭悪いよな～!!」

「**さんって優しさをどこかに落としました？**」

「あ～落としたかもしれないね～（笑）」

このようにカラみにくい人にイジられたときは、**「質問返し」で返しましょう。**

基本的に「〇〇かよ」「〇〇だろ」などの言い切りは、生意気に感じる可能性があります。

しかし、**語尾が上がる「質問」にすると、少し柔らかい印象を感じさせられます。**

他にも「質問返し」は、こんな言い回しを参考にしてください。

- **〇〇さんって悪魔なんですか？**
- **〇〇さん、少しは僕に優しくしてみませんか？**
- **〇〇さん、僕のこと早く帰らせるゲームしてます？**

では、最後のパターンです。無茶振りされたときに使えます。

普通の会話3（会社の飲み会）

「からみんなにおもろい話があるってよ～」

「できないですよ～」

お笑い脳の会話3

「からみんなにおもろい話があるってよ～」

「**誰だ！　俺をこの席に座らせたやつ!!**」

一同（笑）

こんな感じで、怒りの矛先を他に向けて八つ当たりしましょう。コツは**「無茶振りされた原因」を「無理やり」作って怒る**ことです。

原因はこんなふうに考えられます。

● **無茶振りする人の近くの席に座らせた人のせいにする**

→「誰だ！　俺をこの席に座らせたやつ！」

●無茶振りの話の流れを作った人のせいにする
↓「〇〇が番組で見たおもしろいトークの話をしたから、こんなことになったんだ！」
●この会社に入社を勧めた親のせいにする
↓「この会社を勧めた親に腹が立ってきた〜！」

カラみにくい人やカラみたくない人との会話は、腫れ物に触るかのような大変なコミュ力を求められます。だからといって諦めてしまうのではなく、その人を利用して場を盛り上げられたらカッコいいですよね。

お笑い脳

カラみにくい人には、周りを巻き込んだり、「質問返し」で返したり、無理やり八つ当たりしたりして対応する

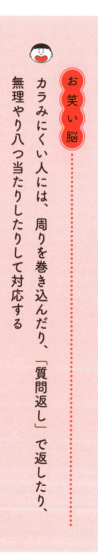

コミュ力高い人の空気を悪くしない断り方

断るのが苦手で、何でも受け入れてしまう人っていますよね。しかし、そんなふうに何でも受け入れてしまうと、都合のいい人として利用されるかもしれません。

コミュ力が高い人は、イヤなことはしっかりと断って身を守ります。しかもそれだけでなく、空気を悪くせずに断ることができるので、相手から根に持たれません。

今回は、そんな空気を壊さない上手な断り方をいくつか紹介します。

まずは答えたくない質問の返し方です。

普通の会話1

「あの、さんってパートナーいるんですか？」

「（答えたくないな）ん～いるよ」

お笑い脳の会話1

「あの、さんってパートナーいるんですか？」

「**その質問、事務所NGなんだよね～**」

「事務所入ってないでしょ（笑）」

他にも**「答えてもいいけど、お金振り込んでもらっていいかな？（何でもお金を貰おうとする）」**と返してもいいでしょう。

続いて、無茶振りされたときには、こういう返し方があります。

普通の会話2

「くんおもろいことやってよ」

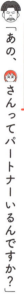

「え？　いや、わかりました……（イヤなのに）」

お笑い脳の会話2

「くんおもろいことやってよ」

「すみません！　お医者さんから『おもろいことするな』って止められてるので、やめときます」

「何で医者が止めるんだよ（笑）」

他にも「お母さんに、おもしろいことやっちゃダメって言われてるので」と、**お母さんのせいにして断る**のも良いでしょう。

こんな感じで、断るときには1つユーモアをつけ加えると良いですよ。

お笑い脳

断りにくいことも断って、都合のいい人にならないようにする
できれば空気も悪くしないようにする

芸人のテクニック2

COLUMN

カブせ

お笑いの**「カブせ」**という技術をお伝えします。

簡単に説明しますと、**誰かがボケて笑いになった後に、そのボケに「関連したこと」でボケを重ねること**をいいます。

「最近、散歩ばっかりしてるんだよね〜」

「さすが犬だね！」

「犬じゃねぇわ」

「骨食べる？」

「だから犬じゃねぇって！」

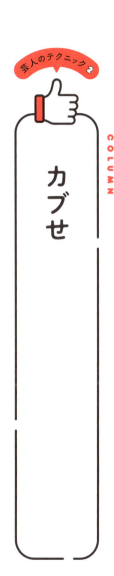

この「骨食べる?」が「カブせ」です。「さすが犬だね!」というボケに対して、「骨食べる?」という**関連したことでボケを重ねています。**自分発信でボケるよりも、人のボケにカブせたのほうが会話上手に見えませんか?

このように「カブせ」をマスターできると、会話がうまく見えます。

しかし、その分「カブせ」を会得するのは難しいです。最初のボケに「関連したこと」から、ボケないといけないからです。

ちなみに、ボケをカブせるときの「頭の中の動き」はこんな感じです。

1. が「犬」と言ったのを聞く(「犬とイジってボケている」と認識)
2. 犬には何かないかな?(関連する要素を考える)
3. 犬って骨食べるな~
4. 「骨食べる?」と言おう

こんな感じで考えることが大事です。

コツは、会話しているときは「自分発信でボケる」ことに意識するのではなく、**「人がボケたときにボケよう」**と、常に意識を持つことが大事です。

しばらくこの意識を続けていると、自分発信でもボケられるし、人のボケにもカブせたりできるようになります。他の例も見てみましょう。

お笑い脳の会話1

「めっちゃゴリラに似てるよね」

「似てねぇわ！」

「バナナいる？」（物）

お笑い脳の会話2

「陰湿だから、ずっと『ちびまる子ちゃん』の藤木だと思ってたよ」

「ちげーわ！」

「今日、くちびる紫色じゃないんだね」（見た目）

お笑い脳の会話3

「ヤバいモバイルバッテリー持ってくるの忘れた」

「はい！　モバイルバッテリー（貸してあげる）」

「ありがとうドラえもん！」

「誰がドラえもんだよ！」

「今日、テレビ朝日に行かなくていいの？」（場所）

このように、カブせたいボケが何かのキャラや動物の場合は、**物・見た目・場所**でカブせることができます。

今回で多少はカブせを理解できたと思うので、会話する際は誰かのボケに対してカブせてみましょう。

第3章 誰からも愛されるお笑い脳

人間関係はいかに悪い誤解を与えないか

本章では、より人に好かれて人間関係が良くなる「コミュニケーションの伝え方」をメインにお届けしていきます。

その前に、人とコミュニケーションを取る上で、「伝え方」の大事なポイントをおさえておいていただきたいのですが、それは**「言い方」**です。

「え？　言い方ぐらいで？」と思っているそこのあなた。

人間関係は「言い方が9割」だといっても過言ではありません。

それを証明するために、次の２つ目のセリフを読んでみてください。

「さん～！　今日飲みに行こうよ」

「すみません。今日は予定があって無理です」

このような誘いを断るセリフ。この言い方のパターンだけでも、１億飛んで２０００パターンはあるでしょう。（そこまであるかはしらんけど）

これをサラッと読んだ人はダメです。明日から変顔で生活してください。

お笑い脳の人は、これを申し訳なさそうに言います。（「空気を悪くしない断り方」については、第２章でお伝えしたね）

もっと言うと「ああ、残念だ。行きたかったのに」と気持ちを込めます。そうすると２つ目のセリフの言い方は、悔しがるようにゆっくり読むはずです。

もう一度、気持ちを込めて読んでみてください。

このセリフを受けた側は、サラッと言われたのか、感情を込めて言われたのかでは、感じ方が大きく違います。サラッとした言い方だと「誘われるのイヤなのかな?」とまで思わせてしまうかもしれません。

それに比べてお笑い脳の断り方だと、「あ〜残念がってくれてる。次も誘おう」とまで思ってくれるはずです。こうした積み重ねが、次の誘われる機会を作ります。

たかが言い方、されど言い方なのです。

この「言い方」ができると、人間関係で誤解されることが減ります。

「言い方ぐらいで誤解?」と思った方も多いでしょう。

立川談志師匠の名言に、**「人間関係は良い誤解か、悪い誤解」**があります。「そもそも人間なんてのはどうしようもない生き物だ。仲が良い人も自分に対して良い誤解をしてくれているから仲良くなっている。仲が悪い人も悪い誤解によって仲が悪くなっているといえる」このような意味だと僕は解釈しています。

そう、コミュニケーションはいかに「悪い誤解をさせないか」が肝だといえます。

では「悪い誤解」はどういうところから発生するのでしょうか?

僕は、人間関係で多くのすれ違いを招くのは、「言い方」だと思っています。

例えば、言い方がキツかったから「相手は怒っていた」と思っていたけど、実は「相手は怒っていなかった」という経験はありませんでしたか。

人はいつもの通りに優しく伝えているつもりでも、疲れや機嫌によって「言い方」に微妙な変化が生まれます。

それに加えて、初対面のときだと人柄が伝わっていない状態です。相手の情報がない状態は、より怒っているかどうかの判断がしづらいといえます。そうした悪い誤解を改善せねば、崩れる関係性もあるかもしれません。それを回避するために、1つの対策として「エンターテインメントの言い方」を覚えていただきたいです。

「エンターテインメントの言い方」とは!?

例えば、「何言うてんねん!」というツッコミ。専門的に言うと、「少し怒っている感」を表現しているほうがおもしろさは出ます。

しかし、そんな言い方だと「怒っている」と勘違いさせてしまう可能性があります。

そこで**「エンタメ（エンターテインメント）の言い方」**です。

「エンタメの言い方」とは、**「笑顔で明るくゆっくり」**を心がけた言い方になります。勘違いさせてしまうような言葉の場合は、こうした言い方で「怒っていない」と安心させるのです。第1章でもお伝えしましたが、コミュニケーションは相手に「安心感」を与えることが大切です。

さて、言い方の重要性は説明しましたが、「はたしてそれができるのか？」と考える人もいると思います。結論としては大方できるでしょ。（軽っ）

だって、言い方に「気持ちを乗せた」経験は、誰にでもあるはずですから。

例えば、落ち込んでいる子供に話しかけるときは「どうしたの？」と優しく安心させるように、言い方を変化させませんか？　冷たい感じでサラッと「どうしたの？」と言う方はいないはずです。（人の心があれば）

その要領で「言い方」に気持ちを表現するんです。そうすれば聞いている側の印象は大きく変わるでしょう。そこまで変わるかと信用できない方は、こんなふうに誘われたらどうでしょうか？

「飲みに行きませんか？」（暗い感じで）

「飲みに行きませんか！」（明るい感じで）

こんなことですら、相手の「行く」「行かない」の行動が変わる可能性があります。だと何やら楽しくなさそうだし、だと何かワクワクする感じがしませんか。

こうした言い方の練習は「言い方の変化を録音する」というやり方もありますが、僕がオススメなのが、いろんな感情で「はぁ」と言う『はぁって言うゲーム』（幻冬舎ｅｄｕ）という商品です。

怒っているときの「はぁ」、ボケているときの「はぁ」などなど、与えられたお題を声と表情だけで演じて、当て合うカードゲーム。状況に合わせた言い方の練習になると思います。

こうやって、**同じ言葉でも「言い方の変化」ができるようになると、悪い誤解が生まれる確率をグッと下げられるようになる**でしょう。

僕は以前まで、初対面の人には必ず「怖い人」と勘違いされていました。

しかし、この「エンタメの言い方」に変えたら、その誤解は生まれなくなったのです。

ものすごく細かい変化ですが、それだけで大きな変化がありました。

ですので、みなさんも自分なりの「エンタメの言い方」を練習していきましょう。それだけで、本来は誤解されて生まれてなかった人間関係ができるかもしれませんよ。

最後に、どうやっても「言い方に変化」をつけるのが難しいと思う方もいると思います。そんな方は、**「少し笑顔で言う」**ことを心がけるだけで大丈夫です。それだけで相手は、不安にはならなくなるはずです。(「殴るよ?」とかを笑顔で言うと、逆に怖くなるからそういうのはやめてね)

こういう細かなことも自分のコミュニケーションの手札を増やすことに繋がります。手札が増えれば、様々な状況にも対応しやすくなるはずです。そしていつしか「コミュ力が高い人」になります。

まずは「言い方」から意識をしてみましょう。

人に注意しても好感度を下げない方法

好感度って高くしたいですよね。しかし、そうは思っていても、意図せぬところで好感度が下がってしまうことがあります。

何気なく嬉しいことを報告したつもりが、「自慢された」と陰で言われたり、相手のことを思って注意したら、距離を取られてしまったりとこういった経験は誰しもがあるのではないでしょうか。

そんなときに使える好感度を下げない方法があります。

それは、会話を**「自虐で締める」**ことです。

例えば「自虐」はこんなふうに使います。

「こないだ1万円の肉を食ったんだよね」

「**え〜羨ましい、オレなんてお金ないから朝昼晩3食ガムなのに〜**」

「（笑）」

自虐とは、**「自分を貶めることで笑いを取る技術」**です。のように、自分の不幸をおもしろく伝えることが自虐になります。これで自虐は理解できたと思います。

次は自虐を使うタイミングです。僕は好感度がとくに下がるのは、「自慢」したときが多いように感じています。なぜなら、世の中には人の幸福を素直に喜べない人が多いからです。（僕もだよ）

そこで、妬んできそうな人の前で「自慢」をしてしまったときは、「自虐」で締めるようにしてみましょう。

普通の会話1

「こないだオレ、宝くじ100万円当たったんだ！」

「すごーい！」

これだと、は自慢話を聞いて妬む可能性があります。自虐を入れてみましょう。

お笑い脳の会話1

「こないだオレ、宝くじ100万円当たったんだ！」

「すごーい！」

「でも、こないだ車ぶっ壊しちゃったからプラマイゼロ！」

「(笑)」

こんな感じで、自虐によって相手の嫉妬心を抑えています。こうすれば自慢したという印象が薄まるだけでなく、空気も和やかになりますよね。これだけで妬まれる確率はグッと下がるので、ぜひやってみてください。

続いて、好感度が下がりやすい別のシチュエーションを紹介します。

それは、**「人に注意したとき」**です。誰でも人に注意されるのはイヤでしょう。

こういうときこそ、自虐を使って伝え方を工夫する必要があります。

普通の会話2

「あのさ、こないだの会議なんだけど態度が悪かったよ」

「すみません」

「気をつけてね」

これだと、終わった後に少し気まずさが残ります。自虐を入れましょう。

お笑い脳の会話2

「あのさ、こないだの会議なんだけど態度が悪かったよ」

「すみません」

「まぁ俺も若い頃、同じことやってめちゃくちゃ怒られたんだよね」

「そうなんですか？」

「うん！　えらい怖い先輩に胸ぐら掴まれたよ（笑）。俺みたいにならないように気をつけてね」

注意された後に、こんな自虐を言われると気が楽になりますよね。
こうした1つ1つの安心感の積み重ねが、好感度の差を生みます。

お笑い脳

自慢になりそうなときや人に注意するときは「自虐」を使う

嬉しいとき、嫉妬されないリアクション

嬉しいことがあったとき、どんな喜びのリアクションをするかで印象が大きく変わります。人にはいろんな方がいます。他人の良い出来事に嫉妬する人というのは、一定数いるものです。

そんな人をいちいち相手にしていたらキリがありませんが、だからといって無頓着にしていると敵を作ってしまいます。（イヤな時代だね）

なので、無駄に敵を作らないためにも、リアクションで笑いにしたり可愛く見せたりして妬まれるのを防ぎましょう。

普通の会話1

「企画通ったらしいじゃん！　良かったね！」

「うわ～嬉しい～!!」

お笑い脳の会話1

「企画通ったらしいじゃん！　良かったね！」

「うわ～嬉しい～!!　俺、今日死ぬんじゃない？」

こんな感じで、**「良いことがあった分、悪いことが起きるのではないか」と不安げにリアクションをします。**

これを使うと場の空気も和むことでしょう。

お笑い脳の会話2

「さんのことめっちゃ社長が褒めてたよ」

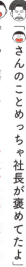

「うわ～嬉しい～!!　一生分の運を使い果たしちゃいました」

これは可愛く思われたいときに使うのがオススメです。こうやって「1回の成功で一生分の運を使い果たした」と謙遜している様が愛らしいですよね。

お笑い脳の会話3

「齋藤さんがのことタイプって言ってたよ！ 良かったね！」

「うわ～嬉しい～！ それだけでご飯3杯は食べられるよ！」

これは「良い出来事」をおかずにしたらご飯を3杯も食べられるといった表現です。「良いことをおかずにご飯を食べる」というのが少し笑えますよね。

お笑い脳

喜びのリアクションは妬まれないように謙遜も入れる

些細なことにこそ、大げさに感謝

「感謝」を伝える場面ってありますよね。感謝の伝え方1つでも、相手の今後の行動が変わってきます。

例えば、ラーメンをおごってあげたときに、「ごちそうさまでした」とだけ言われるのと、「めっちゃうまかったです！　最高の一杯でした‼　ごちそうさまです」と伝えられるのとでは、後者のほうが「ご馳走して良かったな」と思いますよね。

端的に「ありがとう」と伝えるだけでもいいですが、たまには違った伝え方で相手を楽しませてみてください。そうすれば、「またあの人を助けたいな」「またあの人にプレゼントしたいな」と思ってもらえることが多くなります。

今回はそんな好感度が上がる感謝の伝え方をお伝えします。

普通の会話1

「さん！ 飴あげる！」

「ありがとう！」

感謝はしていますが、少し淡白な印象です。では次の伝え方はどうでしょうか。

お笑い脳の会話1

「さん！ 飴あげる！」

「本当に？ **生まれてきて良かった〜!!**」

「大げさすぎ（笑）」

こんな感じでリアクションを極端に大げさにするとおもしろくなります。コツは**「相手がしてくれた些細なありがたい行為」**に対して使うと効果的です。些細なことを大げさに喜ぶことで、大きなギャップが生まれ、それがおもしろくなるというわけです。

お笑い脳の会話2

「あっ！　服のタグついてるよ」

「ほんとだ！　ありがとう！　いくら振り込んだらいい？」

「どんだけ感謝するんだよ！（笑）」


他にも次のようなワードが使えます。ご自身でも「大げさすぎる感謝」ってどんなのがあるか、色々考えてみてくださいね。

- 「この御恩は一生忘れません」
- 「（貰った物に対して）嬉しいので、これしばらく神棚に飾っておきます」
- 「今度家族連れて挨拶に行きます」
- 「出会えたことを神に感謝します」
- 「その優しさマザーテレサですか!?」

●「一生ついていきます」

お笑い脳

些細なことには「生まれてきて良かった〜!」などと大げさに感謝する

擬音でさらにリアクション上手に！

何か「感想」を伝えるときに、普通に答えていませんか？

実は感想を言うときも、少しの意識を加えるだけで相手を楽しませることができます。

なので、今回はあなたの感想が1・15倍おもしろくなる方法を伝えていきたいと思います。

（微妙な数字～）

その方法は会話に**「擬音を取り入れる」**という方法です。

普通の会話1

「見てこの写真。よく見ると私の後ろに上半身裸で歩いてる男が写っているんだよね」

「うわ！　気持ち悪い」

この感想だと普通ですよね。こんな場合は、直接的な言葉を抑えて、擬音を用いて感想を言ってみましょう。

お笑い脳の会話1

「見てこの写真。よく見ると私の後ろに上半身裸で歩いてる男が写っているんだよね」

「うわ！　何か気持ちが『ウッ！』ってなるね！」

「でしょ（笑）」

直接的に「気持ち悪い」と伝えられるよりも、「ウッ！となる」と擬音を使ったほうが楽しい表現になりますよね。**また「気持ち悪い」という言葉を、少しオブラートに包みたい場面でも使えます。**

普通の会話2

「うわ～最悪！　筆記用具忘れた」

「大丈夫？」

「マジでキツいわ〜！」

お笑い脳の会話2

「うわ〜最悪！　筆記用具忘れた」

「大丈夫？」

「何か『はぁ〜（ため息）』って感じ」

普通の会話3

「そういや山田さんがのこと褒めてたよ！」

「え！　めっちゃ嬉しい！」

お笑い脳の会話3

「そういや山田さんがのこと褒めてたよ！」

「え！　マジで!?　めっちゃ『イエーイ』って感じだわ！」

こんなふうに、喜ぶときも擬音は効果的です。スムーズに擬音を使えるように、「感情を表す言葉」の一例をご紹介しましょう。これ以外にも、まだまだいろんな種類があると思うので探してみてくださいね。

嬉しい＝**「イエーイ」** 楽しい＝**「ワクワク」「ルンルン」**
怖い＝**「ゾッと」** 気持ち悪い＝**「ウッ！」「オエッ！」**
ツライ＝**「はぁ〜（ため息）」「ガクッ！」** 悲しい＝**「ウエ〜ン」「ドヨーン」**
しんどい＝**「ゲッソリ」**

お笑い脳

まずは擬音で感情を表現してみる

「許可」を出したら照れくささが減る

今回は褒められたとき場を和ませる方法ですが、それは**「許可を出す」**です。

お笑い脳の会話1

「おれ、こないだ宅建の資格取ったんだ〜！」

「え!?　すごいじゃん!!」

「すごいでしょ！　もっと褒めてくれてもいいよ！」

「強欲（笑）」


こんなふうに相手に驚かれたときは、**「さらに褒めてもいい」許可を出すと可愛げも出**

て楽しいですよね。

お笑い脳の会話2

「あっ！　ジュース溢れてる！　このハンカチ使いなよ」

「え!?　ウソ！　めちゃくちゃ気が利くじゃん！」

「好きになってもいいよ！」

「ならね〜よ！（笑）」


注意したいのは、イヤらしい感じで「好きになってもいいよ」と言うと、セクハラと思われかねないので、冗談だとわかりやすい言い方で言うことを心がけてください。（懲役を食らっても、芝山は責任を取りません）

最後は、仕事などで褒められたときに使う方法です。

お笑い脳の会話3

「くんの資料、修正しておいたよ！」

「え!? ウソ！ 先輩すごいっす！ めちゃくちゃ早いじゃないですか！」

「すごいでしょ？ **弟子にしてあげてもいいよ！**」

「遠慮しときます（笑）」

このような感じで、後輩から褒められたときは、弟子になる許可を出しましょう。後輩から断られても楽しい空気になるはずです。

お笑い脳

褒められたときは「許可」を出す

「自分の案にして」とズルいお願いをする

ズルい言葉は使えば嫌われますが、状況によってはおもしろくなることがあります。

今回はそんな便利な「笑いになりやすいシチュエーション」と「ズルい一言」をセットで3つ紹介したいと思います。ぜひ使ってみてください。

普通の会話1　（後輩がいい企画を見せてきたシチュエーション）

「見てください。この企画書！　自信あるんです」

「どれどれ？　めっちゃいいじゃん」


この何気ない会話に、「ズルさ」を入れると笑いになります。

お笑い脳の会話1

「見てください。この企画書！　自信あるんです」

「どれどれ？　めっちゃいいじゃん。これ俺が考えたってことにしてくれない？」

「イヤですよ（笑）」

こんな感じで「自分の案にして」と、ズルいお願いをするだけでおもしろくなります。自分の案にしたいぐらい「いい企画だ」という気持ちも伝えられるので、まさに一石二鳥です。いいことを言った人に対して、**「今のは俺が言ったことにしてもらえないですか？」**というのも、使いやすくてオススメです。

普通の会話2

（先輩がすごいことを言っているシチュエーション）

「俺はね、こんなふうに色々考えて仕事してるんだよ」

「すごい考えてますね」

これにズルさを入れてみましょう。

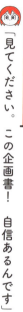

お笑い脳の会話２

「俺はね、こんなふうに色々考えて仕事してるんだよ」

「すごい！　本出しましょう！　僕と共同でお願いします!!」

「何でお前と共同なんだよ（笑）」

こんな感じですごいことを言った人に、「本を出しましょう」と言って褒めましょう。
その後にさらに「共同でお願いします」の一言を追加することで、「お金にカラもうとしてるズルい様」が出ておもしろくなります。ぜひやってみましょう。

お笑い脳の会話３

（上司がイジられてるシチュエーション）

「ちょっとみんな俺のことイジりすぎだぞ！（笑）」

「あの、僕はみんなと違って部長を尊敬しているので、次の査定のときはよろしくお願いします」

「さん、ズルい（笑）」

このようにして、イジられてるのが目上の人の場合は「みんなと違って僕は尊敬しています」と、裏切ってズルく立ち回ることでおもしろくなります。

これのコツは、「あえてやっている」感をわからせないと、本当に裏切ったと思う人も出てくるかもしれないので、**ワザとらしく言うこと**を心がけてください。

ズルさを利用して笑いを取ってみましょう。

お笑い脳

ズルい言葉は状況によってはおもしろくなる

目上の人にも使える！イジり方の鉄則

基本的に人をイジっていい場合というのは、次の条件を全て満たしたときだけだと思っています。

- 関係性が築けている相手
- 後で相手にフォローする

しかしながら、芸人がイジっている姿をテレビで見て、日常でも真似事のように誰彼構わずイジる人がいます。芸人はイジられるのが商売なので美味しいですが、一般人はイジられてもお金を貰えません。

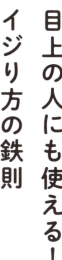

いつも雑に人をイジっているあなた。そのままだといつか人に絶縁されるかもしれません。これは大げさではありません。実際にイジりが原因で、縁が切れた人を何度も見たことがあります。

さてそれを踏まえた上で、「相手の気分が悪くならないイジり方」というのがあります。今回はそのイジり方を紹介しましょう。

イジり方には「下げ」と「上げ」があります。

「下げ」とは相手を下げること。例えば「お前の顔ブサイクだな」などは、相手を下げているので「下げ」になります。このようなイジりは絶対にNGです。

では「上げ」のイジりとはどんなものか。それを解説します。

お笑い脳の会話1 （大人数の酒の席）

「がさ、こないだ俺の家に来たんだよ」

「そうそう！　の家めっちゃ大きかったよ！」

「そんな大きくねぇから！」

「ラピュタの城ぐらい大きかったよ！」

「やめろ！（笑）」

こんな感じで、**相手の良い部分を過剰にするのが「上げる」イジり方です。**

の「家が大きい」という良い部分を、が過剰に表現してイジっていますよね。これだとイジられたほうもイヤな気持ちにはなりません。他の例も見てコツを掴みましょう。

お笑い脳の会話2

「さん身長高いっすね！」

「まぁな」

「東京タワーぐらいあるんじゃないですか？」

「ねぇよ！（笑）」

● 褒めの部分＝身長の高さ（人によっては高いことを気にしている人もいるから注意）

お笑い脳の会話3

「先輩って稼いでそうですね。長者番付楽しみにしときます」

「そんな稼いでないよ（笑）」

● 褒めの部分＝給料の金額

このようにイジるときは、褒めの部分を過剰にする「上げる」イジり方をしましょう。しかし、それでもどうしても「下げる」イジりをしたい場面もあるかもしれません。そんなときは**「褒めてからイジる」**をやってみてください。

普通の会話4

「俺ってカッコいいよな」

「先輩！　発言がキモすぎです」

このままだと先輩に「ん？」と思われる場合があります。なので、イジるときは、必ず「褒めた後」にイジるようにしましょう。

お笑い脳の会話4

「俺ってカッコいいよな」

「先輩のこと仕事もできるし尊敬していますけど、今の発言はキモすぎです」

このように前置きで褒めた後にイジったほうが、怒られる確率はグッと減ります。芸人でも怖い人をイジるときは、必ず「褒めてからイジる」のが鉄則になっています。

クイズ

（次の会話の〇〇で「上げるイジり」をしましょう）

「さんの鞄可愛いね！」

「え～ありがとう！」

「高かった？」

「うん少し！」

「〇〇」

「そこまでじゃないよ（笑）」

回答例「国家予算ぐらい？」

いかがだったでしょうか。イジりは関係性が築けていることが前提の行為です。関係性があるからこそ、相手の傷つくポイントや触れられたくない部分を避けるイジりができます。また相手からしても、「仲が良いしイジられても許してやろう」と思えるのです。関係性が築けていない相手へのイジりはやめておきましょうね。

お笑い脳

イジるときは、褒めの部分を過剰にする「上げ」のイジり方をする
どうしても「下げ」のイジりをしたいときは、褒めてからイジる

芸人のテクニック③

COLUMN

別の人の視点で伝える

会話では**別の視点で想像する**クセをつけると、よりウケることができます。

例えば、自分のドジな話をするときは、自分視点で話していますよね。それを、**「別の人の視点で見たときにどう感じるか？」まで想像して伝える**ことです。

普通の会話1

「駅前で転んじゃったんだよね」

「めちゃくちゃドジじゃん」

お笑い脳の会話1

「駅前で転んじゃったんだよね。絶対見てた人に『カッコわる〜』って思われたわ」

「確かに（笑）」

こんな感じで、別の人の視点で考えるとトークの見え方が一気に変わります。そして状況によっては、次の例のようにかなり強い笑いを生むことができます。

お笑い脳の会話2

「こないだネット販売でパンツを10枚注文しようと思ったら、ミスって100枚注文しちゃったんだよ！　注文を受けた側もビックリしただろうな。『こいつどれだけパンツなくなることに不安を感じてんだよ』みたいな」

「確かに相手もビックリしてそう（笑）」

自分の視点で終わらず、他の人の視点で見るともう1段階おもしろくなるのです。

これの便利なところは、**話の聞き手でもできる**ことです。同じ例で見てみましょう。

お笑い脳の会話3

「こないだネット販売でパンツを10枚注文しようと思ったら、ミスって100枚注文しちゃったんだよ！」

「何やってんだよ（笑）。注文を受けた側もビックリしただろうな。『パンツ100枚って、コイツどれだけパンツなくなることに不安を感じてんだよ』みたいな」

「確かに（笑）」

こんな感じで、聞き手側でも使うことができます。聞き手でも油断せずに別の視点で見たらどう感じるだろう？　と考えることが大事です。

あとはかなり上級ですが、慣れてくると「トーク」に対してだけではなく、**「状況」**に対しても使えます。

お笑い脳の会話4（仕事中）

「今日の仕事マジでやることないっすね。ヒマすぎてネクタイを何回も結び直してます」

「もし、インターンシップで来た学生がこの現場見たらビックリするだろうな。『ここネクタイを綺麗に結ぶのを頑張る仕事なの？』みたいな」

「その視点はヤバいっす（笑）」

このような形で、トークだけではなく行為に対しても違う視点にすることができます。
またこれは、視点を「誰にするとおもしろいか？」までを考えて、「インターンシップの学生」を選んでいます。

お笑い脳

「別の人の視点で見たときにどう感じるか？」まで想像して伝える

第4章

コミュ力で人と差をつけるお笑い脳

「小技」こそ誰でも会話が楽しくなる技術

お笑い芸人とそうでない方との大きな差は、持っている**「小技」**の量です。ボケが思いつかなかったときお笑い芸人は、「小技」によってその場の空気を壊さずにスッと回避します。小技を使いこなすことは、「つまらない人」というイメージをつけないことに繋がるからです。

反対に小技を知らなければ、場を凍りつかせるかもしれません。そうした状況を一度でも作ってしまうと、すぐに「つまらない人」というイメージがついてしまいます。一度そういうキャラが定着してしまうと、なかなかイメージを変えにくく、今後おもしろいことを言えたとしても、笑いが起きづらくなってしまいます。

大抵、大爆笑を起こすボケというのは「大ぶりなボケ」です。しかし、大ぶりなボケだと、外したときにスベった空気になってしまいます。狙う笑いの量とリスクは比例するということです。

逆に「小技」は、空気を壊さない程度の小ボケが中心になります。小ボケなら外してもそんなスベったという空気になりにくいです。

僕自身の体感ですが、お笑いの世界では大ボケもできなければいけませんが、**一般の方であれば、「小ボケ」こそが使いやすく効果的なものが多いと思います。**

また、この小技にはボケだけでなく、プレゼンで使えるものや取引先への聞きづらいことを質問する技術なんかもあります。

本章では、そんな小技を紹介しますので、「本にキスするんか」と思うほど近づいて読むことをオススメします。では、どうぞ!!

おもしろい人は描写も伝える

会話で「つまらない」って思われたくないですよね。会話ではほとんどの人が、気の利いたことを言いたいはずです。しかし「ボケる」ことも恥ずかしくてできないし、かといって「普通に答える」のもイヤだ。そんな人に今回の小技はもってこいです。

その方法は**「描写を伝える」**というものです。

普通の会話1

「お前さ、先月初めて○○会社の営業に行っただろ？　どんな感じだった？」

「緊張しました」

お笑い脳の会話1

「お前さ、先月初めて〇〇会社の営業に行っただろ？　どんな感じだった？」

「緊張しました。緊張で背もたれに背中をつけられなかったです」

このように描写も伝えると絵が浮かんで楽しいですよね。会話しててつまらない人と楽しい人の差はここにあります。

会話していてつまらない人は、「普通の会話1」のような「その質問に対しての返答」のみだと思います。しかし、これだけだと相手は言葉以外のものを受け取ることができません。結果、会話が弾むわけもなくシラけてしまうということです。

反対に「お笑い脳の会話1」は、**「その質問に対しての返答＋描写」**まで伝えています。これが会話に楽しさを作ります。「描写」というのは、**「あるあるの描写」**のこと。

「緊張で背もたれに背中をつけられなかったです」というのは、言わば「緊張したときあるある」の状況なのです。これだけで、相手の頭にその描写を想像させることができます。

つまり、**人というのは「想像力をかき立ててくれる会話」のほうが楽しく感じるという**

わけです。さらには、あるあるなので「そういうことってあるよなぁ」と共感もできますしね。なので、会話としても「わかるわ～」と発展していきやすいんです。

これが、会話していて楽しい人とつまらない人の大きな違いだと思っています。

さて、そんな「あるあるの描写」はこのようにして考えます。

- **面接は緊張しました↓面接では緊張して足がガクガク震えました**
- **初出勤は疲れました↓初出勤は疲れました。次の日疲れてベッドから出れなかったです**
- **仕事でミスばっかりでツライです↓仕事でミスばっかりでツライです。最近、上司が目を合わせてくれないです**

コツは、伝えたいことに関する「あるあるは何か？」と考えることです。

- **緊張あるある↓足が震える、汗をかく、声が裏返る**
- **疲れたあるある↓次の日動けない**
- **仕事でミス連発あるある↓上司が目を合わせてくれない**

この技術は爆笑を取れる技術ではありませんが、そのまま伝えるよりかは相手に会話を楽しく感じさせることができるはずです。

クイズ❶ （描写を加えてください）

「ご飯をたくさん食べました。〇〇」

クイズ❷

「彼女にビンタされました。〇〇」

クイズ❸

「繁忙期で会社が忙しかったです。〇〇」

回答例

クイズ1「漫画みたいにお腹がポコっと出ました」

クイズ2「ビンタされたときにバシンという音が部屋中に鳴り響きました」

クイズ3「忙しすぎて目の下にクマができました」

お笑い脳

説明する際は「あるあるの描写」までつけ加える

感想を大げさにする

お笑い芸人がよく使う便利な言い回しを紹介しましょう。誰しも一度は使っているのを見たことがあるはずです。その方法とは**「感想を大げさにする」**です。

普通の会話1

「俺さ！　毎日どん兵衛食ってるんだよね!!」

「へぇ～そんなに好きなんだね～」

こういった「特定の物を好き」という発言に対して、「好きなんだね」という返しは少し単調すぎますよね。ではこの会話に**「〇〇来るんじゃない」**を使ってみましょう。

お笑い脳の会話1

「俺さ！　毎日どん兵衛食ってるんだよね!!」

「すごいね！　**CM来るんじゃない？**」

「来るか（笑）」

こんな感じで好きアピールしたときには、「CM来るんじゃない？」と大げさに言って笑いを誘うことができます。実は、これは第3章でお伝えした「大げさにする」の応用です。気づいた方は、着実にお笑い脳になってきていますよ。

普通の会話2

「俺さ！　会社のために残業して作業してんだよね」

「へぇ～そんなに好きなんだね～」

こんな頑張っているアピールには**「○○に出られるんじゃない」**を使いましょう。

お笑い脳の会話2

「俺さ！　会社のために残業して作業してんだよね」
「へぇ〜すごいね！　『情熱大陸』に出られるんじゃない？」
「出られねぇよ！（笑）」

こんな感じで、「『情熱大陸』というドキュメンタリー番組に出演できるんじゃない？」と言うと場を和ませられます。他にも「ノーベル賞狙えるんじゃない？」もありですね。

これらは応用して自分から言うこともできます。

●「俺さ！　毎日どん兵衛食ってるんだよね！　CM来るかなぁ？」
●「俺さ！　会社のために残業して作業してんだよね。『情熱大陸』出れねぇかな〜？」

お笑い脳

感想には大げさワードを使う

話し上手な人の小ボケ「例外を極端にする」

今回は話し上手な人が使う小ボケを教えましょう。このボケ方は幅広い場面で使えるので覚えていて損はないでしょう。

その方法とは、**「例外を極端にする」**です。とくに何かを教えたり主張したりするときに効果的です。

お笑い脳の会話1

「この書類を全部シュレッダーにかけてもらっていいかな?」

「はい」

「このシュレッダーにかける枚数けっこう多くてもいけるから」

「そうなんですね！」

「だからといって一気に全部入れちゃダメだよ（笑）壊れるから」

「さすがにそれはしません（笑）」

この小ボケは、「だからといって一気に全部入れちゃダメだよ」の部分になります。

恐らく話し上手な人が、こういう極端なことで笑わせている場面を一度は見たことがあるでしょう。

このボケを一言で説明すると、「例外を極端にする」というボケ方です。**自分が何かしら説明や主張した後に、補足として極端な例外を言います。**

具体的な使い方としては、何かしらの説明などの後に、**「だからといって～＋極端なこと」**を言うだけです。この「だからといって～」を言える場面なら、ほぼどこでも使えます。

お笑い脳の会話2

（後輩を慰める場面）

「部長に怒られちゃいました」

「お前が元気なかったら社内の雰囲気悪くなるから、元気出せよ！」

「ありがとうございます」

「だからといって、スキップとかしちゃダメだからな！　部長に見られたらクビになるぞ！（笑）」

「さすがにスキップはしませんよ！（笑）」

お笑い脳の会話3

（自己紹介の場面）

「僕の名前は武智といいます。僕、全然怒らないんで気軽にカラんでください。だからといって、石とか投げないでください。それはさすがに怒ります」

お笑い脳の会話4

（大人が子供に走り方を教えている場面）

「走るときは腕を思いっきり振るんだよ！」

「わかった！」

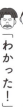

「だからといって、こんな振り方したらダメだからね！（極端な手の動き）こんなんじゃタイム遅くなるからね（笑）」

「（笑）」

これらを見たら何となくでも使い方がわかったと思います。まずはこの例の使い方をそのままアウトプットすることで、他の使える場面も見えてくるでしょう。

クイズ1

（次の会話に「だからと言って～」＋「極端な例外」を入れましょう）

「今日は俺のおごりだ！　飲めよ！」

「本当ですか！　ありがとうございます！」

「〇〇」

クイズ❷

「私ポテトチップス大好きなんで、ずっと食べています」

「そうなんだ〜」

「〇〇」

クイズ❸

「わかんないこととか、僕にどんどん相談してね！」

「いいんですか？」

「〇〇」

回答例

クイズ1「だからといって、ドンペリとかは頼むなよ！」

クイズ2「だからといって、トイレしているときには食べないですよ！」

クイズ3「だからといって、『割り箸の割り方を教えてください』とかはやめてよ？」

お笑い脳

何かを教えたり主張したりするときは、「例外な極端」で和ませる

物の気持ちを代弁しよう

実は視点を変えるだけで、意外性のあるボケにすることができます。とても簡単で様々なシチュエーションで使えます。なので、ボケがあまり思いつかない方は必見です。

その方法とは**「物の気持ちを代弁する」**といったものです。

お笑い脳の会話1（感情を伝える）

（ボールペンを何度も落とした後）「あっ！　また落としちゃった」

「もう！　そんな落として、ボールペンめちゃくちゃ怒ってますよ」

このように物の喜怒哀楽を伝えるだけで、少しユーモアがあるように感じますよね。

なぜなら物は喋らないし感情がないという固定観念があるため、感情があるかのように伝えると、意外性が生まれておもしろくなります。

さらに「感情を伝える」のではなく、**「感情がわかる描写」**を伝えると、さらにおもしろくなるのでそれを見てみましょう。（これは「描写も伝える」の応用です）

お笑い脳の会話2 （感情を伝える）

（新しいメガネを見せる）「どう！　新しいメガネを買ったんだよね！」

「今頃、前のメガネは泣いているでしょうね……」

お笑い脳の会話3 （描写を伝える）

（新しいメガネを見せる）「どう！　新しいメガネを買ったんだよね！」

「今頃、前のメガネは涙で枕を濡らしているでしょうね……」

ただ「泣いている」と伝えたときと比べてみても、「泣いているような描写」のほうがおもしろいですよね。コツは、物に注目がいく話があったときに、**「その物の気持ちはどうなんだろうか？」と意図して考える**ことです。そうすることで何気ない場面でも物の気持ちを考えられるクセがつくようになります。

最初は「喜怒哀楽」を代弁する方法からしていき、慣れてきたら「描写を伝える」方法をすると良いでしょう。

クイズ❶（次の会話で物の気持ちを伝えよう）

「今度のデート、今日の服で行こうと思ってんねん」

「〇〇」

クイズ❷

「このスマホケース古いから捨てようかな？」

「〇〇」

回答例

クイズ1

「服、今めっちゃガッツポーズしてるんじゃないですか？
（「服も喜んでますよ」でも可）

クイズ2

「今、スマホケース、ガクガク震えているよ
（「泣きそうになってるよ」でも可）

お笑い脳

視点を変えて物の気持ちになって代弁する

断言したら すぐ台無しにする

普通の会話1

「俺、今年からタバコやめるって決めたんだ！」

「そうなんですね！」

このように、会話で誰かが断言する場面ってありますよね。この何気ない「タバコやめる」と断言した会話も、こうすればおもしろくなります。

お笑い脳の会話1

「俺、今年からタバコやめるって決めたんだ！」

「そうなんですね！」

「とか言いつつ、明日吸っていたらヤバいけどね！（笑）」

「それはヤバすぎです（笑）」

こんな感じで、**断言したことがすぐ台無しになった未来を伝える**だけで場が和みます。

コツとしては「とか言いつつ～」と切り出してから伝えることです。

この技術は、聞き手でも使うことができます。

お笑い脳の会話2

「俺、今年からタバコやめるって決めたんだ！」

「そうなんですね！　とか言いつつ明日吸っていたらヤバいですけどね！（笑）」

「それはヤバいな（笑）」

また次のように、言い切りを「ヤバいけどね」だけではなく、**「笑うけどね」**って言うのもオススメです。「笑うけどね」のほうが多少表現は柔らかくなります。

お笑い脳の会話3

「わたし、しばらくは彼氏いらないわ!!」

「そうなんだ〜。**とか言いつつ明日、相席居酒屋行っていたら笑うけどね**」

「さすがにそれはない（笑）」

そこまで親しくない人には「笑いますけどね」と、使い分けるのがオススメです。

クイズ

「俺、明日からダイエットするわ!!」

「そうなんだ〜。〇〇」

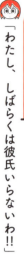

回答例「とか言いつつ、明日お菓子山盛り食べてたら笑いますけどね」

お笑い脳

断言したときはすぐ台無しになった未来を伝える

人気者が使う「立場を変えて感想を言う」

お笑い芸人は意外性を作るために、**立場を変えて感想を言います。**なぜなら、ありきたりな感想は、相手の心に響かないというのを知っているからです。

例えば、あなたが何か自慢したとき、「すごいね」と言われるだけだと、ありきたりな返しすぎて感動しませんよね。意外性のある感想なら、嬉しくなりませんか。

人気者は意外性上手。そう言っても過言ではありません。

感想の1つですら工夫をこらす人が人気者になるのです。なので、相手に響かせる感想をマスターしましょう。

普通の会話1（同性との会話）

「おれ、けっこう料理得意なんだよね～」

「え！　すげぇじゃん！」

ありきたりな感想なので、さらに喜ばれるように立場を変えてみましょう。

お笑い脳の会話1

「おれ、けっこう料理得意なんだよね～」

「え！　すごい！　おれが女だったら好きになってたわ～!!」

「ありがとうよ（笑）」

こんな感じで、「女（or男）だったら好きになってた」と、性別を変えて感想を伝えます。普通よりも嬉しい感想に聞こえますよね。

こうして立場を変えることで、本来の自分では言えないことを言えるようになります。

そうすることで意外性を作るわけです。

続いては失礼な友達に使える例です。

普通の会話2

（がに対して失礼すぎる行為ばかりしている状況）

「ってバカだよな〜!!」

**「お前さっきから失礼だろ！」**

この失礼な発言には、次のように立場を変えてみましょう。

お笑い脳の会話2

「ってバカだよな〜!!」

**「俺がお前の親だったら絶対殴ってるからな！」**

**「さんが親じゃなくて良かった〜（笑）」**

通常「殴るぞ」という発言は場を引かせる恐れがあるのですが、「親の立場なら殴っている」なら、「身内ぐらい近くないから殴らない」という意味も含まれているので、少し

マイルドになります。これも「親だったら～」という立場を変化させて意外性を作っているのです。

別の言い回しで、おバカすぎる行為の人に**「あなたの子供だったら家出している」**というのもオススメです。

ここまででわかったかもしれませんが、**「○○だったら～」と違う立場になって感想を考えていくことが大事です。**

最後は、少し使い方が違う応用になります。

普通の会話3

「わたし、仕事3か月しか続けられなかった。情けないよ」

「そんなことないよ」

こういった慰めの言葉を求められているときにも、立場を変えてみましょう。

お笑い脳の会話3

「わたし、仕事3か月しか続けられなかった。情けないよ」

「オレだったら1か月しか続けられないよ。十分すごいよ」

これは、「自分」の立場を「相手」に変化させています。**立場を変えることで励ます言葉すらもパワーアップできるのです。**

褒めるとき、励ますとき、注意するときには、立場を変えたら「何と言えるのかな？」と考えて、相手に響く言葉を作っていきましょう。

お笑い脳

「だったら～」で立場を変えて響く感想を伝える

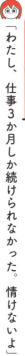

ツッコミができない人は「行動」をお願いしよう

ツッコみたいけどツッコめない人に、ぜひオススメしたい技術をお伝えします。ツッコむのが苦手な人やツッコミに変化を持たせたい人は、ぜひ覚えてみましょう。

その技術は**「相手に行動をお願いする」**といったものです。様々なシチュエーションで使えるのでいくつか紹介します。

お笑い脳の会話1（大人数の飲み会）

「布団がふっとんだ～！　なんちって！（スベる）」

「**あの～みんなに謝ってもらっていいかな？**」

このように**普通のテンションで「謝る」という行為を「お願いする」**ことで、スベった空気をおもしろくしています。

お笑い脳の会話2（大人数の飲み会）

「ちゃんって胸大きいね〜」

「え……」

「あの〜くん、家に帰ってもらっていいかな？」

こういったマズイ空気になったときには、**「帰宅」**という行為をお願いすると、気まずい空気を変えることができます。

お笑い脳の会話3（大人数の飲み会）

「今日は俺のおごりや!!」

「あざっす」

「あの〜全員もうちょっと喜んでもらっていいかな？」

あまり望んでいないリアクションが来たときは、**「リアクションを大きくすること」をお願いする**のも効果的です。ツッコミで笑いを取るためには、テンションや言い方や間が大切ですが、このテクニックは、ただ言うだけでおもしろくなります。

ただ、2つほど注意点があります。1つ目は**人によっては表情をつけたほうがいい**こと。真面目や怖いイメージがついている人は表情を笑顔にしないと「マジで怒ってる?」と思われてしまうことがあります。そうなると、場の空気が凍りつくことがあるでしょう。

もう1つは**「あの〜」と言い、注目を集めてから言う**こと。注目させずに言うと、急すぎて「え?」っとなってしまうので、しっかりと「あの〜」と引きつけましょう。

お笑い脳

ツッコめないときは「行動」をお願いする

会話は独り言で伝えるとおもしろくなる!?

笑いは「意外性」です。今回紹介するのは、意外な方法で「意外性」を作る方法です。（意外って言いすぎ）

それは**伝え方を変化させる**ことです。本来、言葉というのは相手に対して伝えますよね。

その思い込みを利用します。

その伝え方とは——

「独り言のように伝える」という方法です。

そうすれば、自分に言葉を返してくると思いきや、独り言かのように返されるので、相手はまず間違いなく意表を突かれるでしょう。

普通の会話1

「俺って毎日18時間寝てるんだよね〜」
「寝すぎだろ（笑）」

これに対して独り言のように返してみましょう。

お笑い脳の会話1

「俺って毎日18時間寝てるんだよね〜」
「あっ！　この人、ダメな人だ……」
「（笑）」

こんな感じで、自分の心で思うようなことを独り言のように伝えることで、意外性を作ります。ただ独り言のフレーズを考えるのは難しいと思うので、例の通り**「ダメ発言」に対して「あっ！　この人、ダメな人だ……」**というテンプレートを、まずは使ってみてください。

お笑い脳の会話2

「おれさ〜犬飼ってるんだけど、あっ！　てか！　猫も飼いたいんだよね〜。あれ？
俺、何の話してたっけ？」

「この人、ずっと何言ってるんだろう」

「（笑）」

これは相手がよくわからないことを言ってるときに、タイミングよく「何言ってるんだろう」と思ったことを独り言のようにつぶやいて意外性を出しています。

お笑い脳の会話3

「おれのほうがおもろいよ！　布団がふっとんだ！」

「俺のほうがおもろいっつ〜の!!　ネコがロンドンで寝ころんどん！」

「どうしよ……帰りたい」

「（笑）」

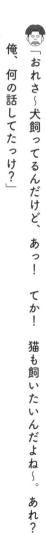

このパターンは、どうしようもないノリやキツい空気のときに使うのがオススメです。
ぜひ使ってみてください。

笑わせるためには、こうやって意外性を作るパターンをいくつも持つことが大切です。
まずはたまにで良いので、仲の良い友達相手に「独り言」風で伝えてみましょう。

お笑い脳

たまには独り言のように返してみる

ヒントにして伝えると おもしろさアップ

普通の会話1

「僕って皮膚の皮がめちゃくちゃ伸びるんだよね～」
「いや、ルフィじゃん」

このように、有名なキャラや有名人の名称でたとえるときってありますよね。しかし、そのまま伝えると単純すぎて笑いが取れないときがあります。

こんなときは、**あえて「ヒント」にして伝える**とおもしろさをアップさせることができます。

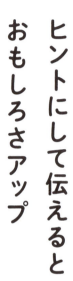

お笑い脳の会話1

「僕って皮膚の皮がめちゃくちゃ伸びるんだよね〜」

「いや、ゴムゴムの実食べた人じゃん」

直接「ルフィ」と伝えるのではなく、ヒント（要素）によって「ルフィ」だとわからせることができれば、おもしろさが倍増します。

しかし、相手にヒント（要素）で「ルフィ」と気づかせることができなければ、たとえは不発に終わってしまうでしょう。

例えば、ルフィだとわかる特徴は以下があります。

- 海賊王を目指している
- ゴムゴムの実を食べた
- ゴム人間
- 目の下に傷がある

この中にある「目の下の傷がある男か！」とたとえても、「ルフィ」だとわからないですよね。それは「目の下の傷」だけでは、**キャラが特定できないからです**。なので、わかりにくすぎてもダメなんです。

間違っても勘の悪い相手には使用しないほうが賢明です。「え？　どういうこと」と不発になるのが目に見えますからね。

この技術は、ドラマや映画などでも次のように使われていたりします。（洋画が多いかな～）まだカップルになっていない男性と、よく物を落とす女の子の会話です。

「僕の好きな人は誰だかわかるかい？」

「え？　誰なの？」

「よく物を落とすおっちょこちょいの人さ」

「（それって私じゃん）もう！　大好き」

……まぁ書いていて鳥肌が立ちましたが、こんなふうにヒントになるように伝えると、

心に響く粋な伝え方にもなるのです。（鳥肌と震えが止まりませんので僕には無理です）
この技術はこうした使い方もできるので、頭の片隅に入れておいて損はないと思います。

お笑い脳

たとえでおもしろさを足したいときは、あえてヒントで伝える

逆転型フリオチ

ここまで読んできたみなさんなら、何となくわかってきたかもしれませんが、笑いを生む方法には大きく分けて2つあります。

それは**「意外性」**と**「共感」**です。

今回はその意外性を活用して笑いを取る方法**「逆転型フリオチ」**をお伝えします。

芸人はこの技術を軸に、おもしろいことを考えたり、おもしろいネタを作っています。

この技術があるのとないのとでは、明確な差が生まれます。ルフィにとっての麦わら帽子ほど大切なものです。

まず「フリオチ」という言葉ですが、次の意味です。

フリ＝**オチをおもしろくするもの**

オチ＝**結末**

例えば、こういう会話がフリオチになります。

「オレ、マイナーな映画が好きなんだよね〜」＝フリ

「へ〜どんな映画好きなの？」

「『タイタニック』」＝オチ

「いやめっちゃ有名だから（笑）」

「マイナーな映画が好きなんだよね〜」と言うことで、相手に「どんなマイナーな映画なんだろう」と思い込ませます。そこに「タイタニック」という、誰もが知っているような映画をあげることで思い込みを裏切ります。それを受けた相手は、意外すぎて笑ってしまうというわけです。

よくテレビで芸人がやっている、池の前で「押すな押すな！」と言っている人を押すというのは、わかりやすい典型的なフリオチです。このフリオチは、**「オチと真逆の内容でフリを作る」**ということが肝になります。真逆の内容なので**「逆転型」**です。

例えば、金欠だとします。その場合、真逆のお金があるように装うことをフリにすれば、フリオチにできるということです。

お笑い脳の会話1

「いや〜最近お金の回りがいいんだよね〜」

「そうなの？　いいなぁ〜」

「俺の財布見て!!」（全然お金の入っていない財布を見せる）

「いや全然入ってないじゃん！　小銭すらも！（笑）」

他の例も見てみましょう。

- **めちゃくちゃ大事件だ**（フリ）→**コンタクト取れた**（些細なことなら何でもOK）

● 昨日全然寝られなかったんだよね（フリ）↓13時間（過剰な睡眠時間ならOK）

● 俺めっちゃ歌うまいんだよね！ 見てて↓声が裏返ったりして音痴（ワザとらしく下手に歌う）

このように、オチにしたいことから逆算して、フリを作ると簡単にフリオチになります。

これをマスターするとこんな返しにも応用できるようになります。

お笑い脳の会話2

「ってさ、俺の後輩の中で一番バカだよね」

「いや全然その発言いいんですけど〜1発ビンタしてもいいですか？」

「全然いいって思ってないじゃん！（笑）」

これはフリオチと感じにくいかもしれませんが、ちゃんと「フリオチ」になっています。

● 「ビンタしてもいいですか？」＝怒っている行動（オチ）

● 「全然いいんですけど」＝怒っていない発言（フリ）

オチからフリが逆で作られていることがわかりますよね。

テレビ番組でもフリオチは、よく使われます。

例えば、芸人はプロの格闘家と戦う企画の場合には「絶対勝てるわ！」と言います。「こんなの負けるよ〜」って言って負けても、何の意外性もないからです。だから、芸人は笑いを作る下地作りのため、「勝てる」と振る舞うのです。これもフリオチがわかっているからできることです。

上級者になると、こうした状況から結果（オチ）を読み取ることで、フリを作ることができます。このフリオチを理解していくことが、おもしろさを格段にアップさせることに繋がるのでぜひマスターしてください。

クイズ　（オチから逆算してフリを考えてみましょう）

「〇〇」（フリ）

「うん」

「先生がに至急職員室に来るようにって言ってたよ！」（＝重要なこと）（オチ）

「全然良くねぇだろ！　早く言えよ！（笑）」

回答例 「全然どうでもいいことなんだけどさ～」

お笑い脳

オチにしたいことから逆算してフリを作ると、簡単にフリオチになる

予告一致型フリオチ

前回笑いとは「意外性」と「共感」によって作られると言いましたが、今回はその「共感」で作る笑いの取り方を紹介しましょう。

それはフリオチの別の種類**「予告一致型フリオチ」**です。これは「逆転型フリオチ」とは全く別の種類になります。

普通の会話1

「昨日さ～俺のオカン、パジャマを変えてん」（オチ）

「そうなんだ～（何だよ。そのつまんない話）」

このような会話があるとします。これに「予告一致型フリオチ」を使ってみましょう。

お笑い脳の会話1

「しょーもない話していい？」（フリ）

「何？」

「昨日さ～俺のオカン、パジャマを変えてん」（オチ）

「ほんとにしょーもな（笑）」

つまらない話もあらかじめ「しょーもない話」だと予告することで、「つまらない」と共感できるので笑いになります。

このフリオチは相手がツッコみやすい点も良いところです。「逆転型フリオチ」だと、その意外性から反応が遅れることがあります。

しかし、「予告一致型フリオチ」だと、「しょーもない話」とフリを言ってから「しょーもない話」をするだけなので、相手はそのまま「しょーもな！」と反応しやすいです。

他の「予告一致型フリオチ」をいくつか紹介します。

- **「おもんない話していい？」↓「さっき鳥が飛んでた」**（おもしろくない話）
- **「意味不明な話するけど」↓「犬って空飛べたほうが良くない？」**（意味不明な話）
- **「消えろって思われる話していい？」↓「俺ってモテすぎるよね〜」**（消えろと思う話）
- **「ゲスなこと言っていい？」↓「貢いでくれるパートナーがほしい〜」**（ゲスな話）
- **「残酷な報告していい？」↓「さっきからあんたの話を聞いてなかった」**（残酷な発言）

作り方のコツはオチを言った後に、相手が思うことをフリにすることです。

ここで気をつけたいのは、予告より下回りすぎると相手は共感できずに笑えません。

「お笑い脳の会話1」だと、オチの「おもしろくなさ」が足りなすぎると不発になるといった感じです。きっちりオチはフリと一致させましょう。

また少し上級者向けですがこんなのも有効です。

お笑い脳の会話2

「パワハラ部長のことどう思う?」

「ん〜端的に言うと嫌い」

「正直だね（笑）」

このように「端的に言うと」と予告して、端的な回答をするだけでも予告一致となり、少しばかりおもしろくなります。**「5文字で言うと〜（フリ）、大嫌い」**とかも有効です。

余談ですが、ケンドーコバヤシさんは次のようなレベルの高いフリオチを使用していました。

船のロケにケンドーコバヤシさんとシャンプーハット小出水さんが行ったときに、小出水さんは船酔いで体調を崩したらしいんです。その話をスタジオでしていると、ケンドーコバヤシさんはこんなフリオチをしました。

ケンコバ「俺、そのとき生まれてきて一番長いフレーズを大声で叫んだからな!」（フリ）

MC「どんなん？」

ケンコバ「**小出水が横になるスペースを急いで作れ〜!!（早口で大声）**」

このように、このフリオチは予告とオチを一致させればいいので、オチに「生まれてきて一番長いフレーズ」を言えれば、共感を呼んで笑いを取ることができます。

お笑い脳

オチを予告と一致させたら共感しておもしろくなる

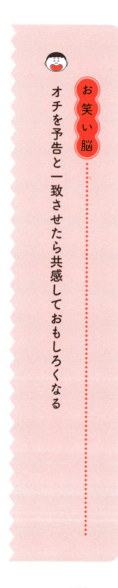

話に引き込ませる人の「前置き」

みなさんは聞き手を引き込んでから話をしていますか？　引き込んでから話すと相手の心に自分の思いが届きやすくなります。

例えば、プレゼンやYouTubeなどの動画などでも、心に響く話し方の人っていませんか？　そういった人は、話に引き込むのがとてつもなくうまいんです。

話がうまい人が使っている引き込ませ方は次の3つです。

1. 声の強弱を使う
2. 話す速度に緩急を使う
3. 間を使う

この3つをうまく使えると話に引き込むことができるのですが、正直これらの技術は一朝一夕で会得できるようなものではありません。

しかし、諦める必要はありません。

なぜなら、もっと簡単に話に引き込む方法があるからです。

それは**「前置き」**です。

うまく「前置き」を使えれば、簡単に「話に引き込む」ことができます。

例えば、ネット記事を見るときは「見出し」で読むかどうかを決めているはずです。僕なんか「あの女優がポロリ？」という見出しがあるとすぐ読んじゃいます。しかし読むと、ポロリはポロリでも、「本音がポロリ」です。悔しくて3日3晩、涙で枕を濡らしました。

これは見出しで読者を前のめりにさせて、どうでもいい記事を読ませています。

YouTubeのサムネやタイトルにつられて視聴するのも同じことです。

今回の方法は、**前置きを「見出し」の役割にして、前のめりにさせて話を聞かせる**という狙いがあります。引き込む前置きには、2種類あります。

1 感想を前置きに使う

2 前置きで共感させてから話す

ではこの「前置き」をどう使うのか。
まずは「感想を前置きに使う」から説明します。

普通の会話1

「この間、上司の佐々木さんが怒って椅子を蹴り飛ばしてたよ」

「え〜こわ〜」

これだと引き込んでないので相手に話が響いていません。では次はどうでしょうか。

お笑い脳の会話1

「あのさ、人ってここまで怒れるんだって話なんだけど〜」

「なになに」

「この間、上司の佐々木さんが怒って椅子を蹴り飛ばしてたよ」

「めっちゃ怖いじゃん」

先程の例と比べて、こちらのほうが「聞いてみよう」という意識が上がったと思います。これが「前置き」で話に引き込むということです。

この方法は簡単で、**その話で「自分がどう思ったか？」または「相手がどう思うか？」を考えて、その感想を前置きで伝えます。**

- 自分が思ったこと＝怖い話だなぁと思った
- 相手が思いそうなこと＝人ってそこまで怒れるんだ

これらを前置きにするだけです。なので自分が思った「怖かった話していい？」も前置きとして有効だということです。あなたならどう感想を前置きにするかを考えてみてください。

では、この前置きをビジネスのプレゼンの場で使ってみましょう。

普通のプレゼン1

「今回、みなさんに提案させてもらうのは、僕がとても自信のあるものです」

お笑い脳のプレゼン1

「今回、みなさんに提案させてもらうのは、『そんな方法があったのか！ 目から鱗だ』と言いたくなるようなものです！」

こんな感じで、大げさな感想を前置きで使うことによって、相手の興味をそそり、話に引き込ませるわけです。

しかし、気をつけなければいけないのは、内容が伴ってなさすぎると裏切られたように思われ、話し手が信用を失うケースもあります。しっかりと内容も伴うようにしましょう。

さて2つ目は、「前置きで共感させてから話す」です。

普通のプレゼン2

（レトルト商品の会社にて）

「今回、私が提案したいのは、商品のパッケージを変えることです」

お笑い脳のプレゼン2

「美味しそうなパッケージだと、ついつい食べたくなって手に取ってしまうことがありませんか？　今回、私が提案したいのは、商品のパッケージを変えることです」

このように本題に関することで、共感してもらってから話し始めるという方法です。一度共感させることができれば、相手をグッと引き込むことができます。

これは芸人もよく使う手法で、ずんの飯尾さんが『すべらない話』に出たときに、次のように前置きで共感を誘っていました。

「テレビでロケとか行くんですけど、みなさんも経験あると思うんですけど、たまにえ～って思うディレクターがいて」

　これはディレクターのお間抜け話の前置きですが、『すべらない話』は聞き手が全員芸人です。ですから、その場にいる芸人から共感されるような前置きが必要になります。

　こうした業界人なら知っているあるあるの前置きで、「うんうん！　いるいる！」と思わせてから話しているわけです。この前置きができると話に引き込むことができて、かなりウケやすくなります。

お笑い脳

「前置き」で聞き手を話に引き込んでから話す

言いづらいことも「前置き」が便利

言いづらいことを伝えないといけないときってありますよね。言いづらいこととはこうした状況です。

- 人に注意するとき
- 仕事先の人への質問
- 商談時の踏み込んだ質問

これらをそのまま伝えると好感度が下がってしまうことがあります。しかし、言わなければいけない状況もあるでしょう。

こういったときも、**全て「前置き」によって解決することが可能です。**

普通の会話1

「あのさ、資料のケアレスミス多いよ」
「すみません」

このように、しっかりと注意することは大事です。しかし、いきなり注意をすると相手も心の準備ができていないので、素直に受けとめきれないことがあります。

そんなときに「前置き」です。**前置きで予告してから伝えましょう。**

お笑い脳の会話1

「あのさ、けっこう手厳しいことを言うんだけどさ」
「はい」
「資料のケアレスミス多いよ」
「すみません」

このように一度「手厳しいことを伝えますよ〜」と言ってから伝えます。そうすると、相手は言葉を受け取る準備ができるのです。

キャッチボールでも急にボールを投げられるのと、「いくよ」と言ってから投げるのとでは、キャッチのしやすさが変わりますよね。

次は商談時の例です。

普通の会話2

「御社の予算はいかほどでしょうか？」

（答えにくいな……というか失礼だろ）

こんなふうに聞きたいことをドストレートに聞いてしまう人もいると思います。しかし、これでは相手に不快感を与えてしまうことがあるでしょう。

そんなときも「前置き」で予告しましょう。

お笑い脳の会話2

「お答えにくい質問かもしれませんが、御社の予算はいかほどでしょうか？」

「実はね～」

このように伝えるだけで一気に不快感がなくなりますよね。

前置きがないとただの無神経なやつという印象を与えてしまいますが、こうして前置きしてから伝えると、**「失礼なこと」や「言いづらいこと」を承知した上であえて聞いている感が出るからです。**

こうした発言によって生まれる不満は、先に前置きでつぶしてしまうと相手から不満が生まれにくくなります。なので、口がうまい人は好感度が下がる可能性があるときは、必ず「予告前置き」を使っています。

普通の会話3

「一夫多妻とかってありと思うんだよね」

「ええ～（この人ヤバい）」

お笑い脳の会話3

「**こんなこと言うとヤバいやつって思われるかもしれないけど、**一夫多妻とかってありと思うんだよね」

「え？　何でなんですか？」

このように、**かなりグレーゾーンの発言でも前置きでヤバさを抑えられます。**余計なことを思わせていない分、**「なぜか」の話までトントン進むのも良いポイントです。**

あと余談ですが、グロい話や下ネタの話をするときに、**「この話、けっこう引かれるかもしれないけど～」**なんて言うと、引かれない確率を上げることができます。なので、芸人が引かれそうなトークを話すときは、マストでこうした前置きを使っています。

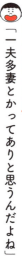

また、怖い先輩に失礼な発言で返したいときは、**「あの～こんなこと先輩に言ったら失礼なんですけど～」**と前置きで予告すると怒られる確率をグッと減らすこともできます。

お笑い脳

言いづらいことは前置きで予告してから伝える

プライド高い人に響く注意の仕方

プライドの高い相手に注意しなければいけないときってありますよね。そんなとき「めんどくさいし伝えるのやめておこう」と思ったりしていませんか？

しっかりと伝え方を学べば注意することができます。

普通の会話1

「何で商品発注してないの？」

「え？　俺も悪いっすけど先輩からのリマインドもなかったすよ」

プライドの高い後輩に、言葉が届いていないようですね。

こんなときは次のように、**プライドの高い相手には褒めてから伝えると、注意が響きやすくなります。**（プライドの高い人めんどくせぇ〜）

お笑い脳の会話1

「あのさ、いつも仕事ができる人だから助かってるんだけど、今回は何で商品の発注できてないの？」

「**すみません。忘れていました**」

僕も養成所の講師をしているので、**できるだけフィードバックは褒める部分から伝えるようにしています。**そのほうが相手がダメなポイントを受け取りやすくなるからです。

またこの技術は、**目上の先輩にイジられたときの返しとして、リスクヘッジとしても使えます。**

普通の会話2

「おい！　おもしろいことやれよ」

「頼むから家に帰ってください」

「は？」

こんな返しをしてしまうと、場の空気が壊れかねません。こんなときは褒めてから返しましょう。

お笑い脳の会話2

「おい！　おもしろいことやれよ」

「**いやいつも尊敬していますけど、一言言わせてください。**頼むから家に帰ってください」

「（笑）」

これはお笑いの世界では日常的に使われている技術なんです。

例えば怖い先輩にイジられたときに、「あんたアホか！」と言うと怒られてしまう可能性がありますが、「いつも尊敬しているんですけど、一言いいですか？　あんたアホか！」と言うと大抵許されます。

構造的にはこれと同じです。こうして目上の人にイジられたときも褒めてから伝えるようにしましょう。

お笑い脳

プライドの高い人に注意するときや一言言いたいときは、褒めてから

比較して異常性を際立たせる

最後はトーク力を1段階アップさせる技術です。この技術を使えば、聞き手をトークに引き込みウケる確率を上げられます。

その方法を紹介する前に、まずはトーク術「比較」を説明します。これは**【普通】との【比較】で異常性を際立たせる**といった方法です。

例えば、「誰かが変な行動をした」とか「怖い体験」といったトークは、【普通】と比較することで「その異常性を強調」できます。まず、こちらの例をご覧ください。

普通のトーク

「こないだ、電車で帰っていたんですよ。そのときほとんど人がいなくて、車内は空いて

いたんです。そしたら渋谷に着いたときにパンツ一丁の男が入ってきて、なぜかそいつ、めちゃくちゃ空いてるのに俺の隣に座ってきたんですよ」

お笑い脳のトーク（「比較」を取り入れる）

「こないだ、電車で帰っていたんですよ。そのときほとんど人がいなくて、車内は空いていたんです。そしたら渋谷に着いたときにパンツ一丁の男が入ってきて、普通なら、適当にどこか空いているところに座るじゃないですか。でもなぜかそいつ、めちゃくちゃ空いてるのに俺の隣に座ってきたんですよ」

このように、「普通なら、○○するじゃないですか」「まともな人なら、○○って言いそうなもんですよね」「大抵は、○○だと思うじゃないですか」といった内容を加えて、トークの異常性やおもしろさを際立たせるといった感じです。

プレゼンなどで、自社の売り上げ額のすごさをわかりやすく示すために、「同業者の平均」を伝えるのも同じことですよね。また、写真で物の大きさを示すために、鉛筆を横に置いたりするのもこの比較の種類です。

今度は、この「比較」の高度なテクニック**「【普通】を相手に答えさせる」**をお伝えします。もう少しかみ砕くと、**「【比較】における【普通】の部分」を「相手」に言わせる**といった方法です。どういうことか、次の例で説明します。

お笑い脳の会話

「こないだ、電車で帰っていたんですよ。そのときほとんど人がいなくて、車内は空いていたんです。そしたら渋谷に着いたときにパンツ一丁の男が入ってきたんですよ。で普通さ、電車の席めっちゃ空いてたらどこ座ります？」

「え～適当に空いてるところ座るかな～」

「そうでしょ!?　でもなぜかそいつ、俺の隣に座ってきたんですよ」

このように、【普通】を相手に言わせると、次のような効果があります。

1. **相手をトークに引き込むことができる**
2. **自分ばっかり喋っている感じが出ない**

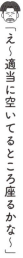

❶について、トークというのは、「話に引き込ませるか」が大切なんです。

プロの芸人が話し方に抑揚をつけたり、身振り手振りをつけたりするのは、話に引き込ませたいからです。逆に話に引き込めなければ「早くこの話終わらないかな〜」などと思われ、ウケるのは難しくなります。そうならないためにも、この技術を使うんです。

みなさんも学生時代、授業中に先生から質問されたら、その後「ちゃんと授業を聞かなきゃ」と気が引き締まりませんでしたか？

続いて❷ですが、トーク中は周りからの「自分の見え方」が気になりますよね。「あの人ばかり話している」なんて思われたら、トークに集中してもらえません。しかしこの技術は相手に話させるため、**自分ばかり喋るイメージを減らせる**のです。

この❶と❷により、【普通】を相手に言わせることが、かなり有用な技術というのは理解してもらえたと思います。

実は、この技術は島田紳助さんがよく使っていた技術になります。紳助さんといえば、トークは誰もが認めるほどの超一級品です。こういった技術で、紳助さんは自分のトークに聞き手を引き込ませていたわけです。

ただし、この技術には注意点があります。**それは聞いた相手が【普通】のことを言わない可能性があることです。**対策としては、話を振る相手は、**「真面目なことを答えてくれそうな人」**を選びましょう。よくふざける人に聞いてしまうとボケられたり、天然な人に聞くと予期せぬ回答が返ってきたりして、トークどころではなくなってしまいます。

お笑い脳

トークをするときは【普通】の部分を、聞き手に言わせる

いかがだったでしょうか。ぜひ「お笑い脳」になるために小技を使ってみてください！

芸人のテクニック

COLUMN

笑わせるポイントを増やす方法

みなさん「エピソードトーク」の笑いどころが、オチ1か所になっていませんか？　もしそうだとしたら、それは危険なのでやめたほうがいいです。

実は、**笑いどころが1か所だけのトークは、プロの芸人もあまり話しません。**なぜなら、オチまで笑いがない状態で話すのは、精神的にキツいからです。

逆に、オチまでで一度でもウケることができれば、気が楽になり安心してオチまで話しやすくなります。

このような理由から、芸人たちは笑わせるポイントをたくさん作っているのです。

笑わせるポイントを増やす方法は主に2つ。

❶ 描写を細かく伝える

少しわかりやすく説明するため、『すべらない話』の兵動さんのトークをご覧ください。

◉兵動さん、すべらない話「飛行機にて」

「初めて飛行機のビジネスクラスに乗ったときの話なんですけど〜（省略）**で飛行機の中にデカい肘置きがあったからガバっと開けたら、モニターがあって、説明書もあったんですけど、書いている文字が英語やからわからない。で何か説明書をぼんやり見ていたらゲームができるってのがわかったんですよ。雑なゲームで。猫の保安官がこんなポーズしているみたいな」**（ポーズを真似て笑いが起きる）（そしてオチに続く）

このような感じで、兵動さんはゲームを「雑なゲームで。猫の保安官がこんなポーズしているみたいな」と描写を細かく伝えて、笑いを取りました。

こういうふうに描写を細かく伝えると、おもしろくなることがあります。

しかし、そうはいっても「描写を細かく伝えられる」部分を、どう探せばいいのかわからないと思います。

「描写を細かく伝えられる」部分を探すコツとしては、**自分のトークに「どんな？」と問いただす**と見つけやすいかもしれません。

雑なゲームなら「どんなゲームなの？」、ダサい服装なら「どんなダサさなの？」、変な走り方なら「どんな走り方なの？」と、こんな感じで「どんな？」と問いただせる部分は、細かく伝えるとおもしろくなる可能性があります。

エピソードトークに「描写を細かく伝える」部分を盛り込んでみてください。

❷ 状況を客観的に見る

普通のトーク1

「こないだ全裸の男が急に現れて、僕に道を尋ねてきたんですよ！　でヤバいから『無理

です』って何回も断っていたんですけど、あまりにしつこいから、『どこまでの道のりが知りたいんですか？』って聞いたら、『警察署』って言うたんですよ。『え？　犯罪を犯してそのままダイレクトで自首するの!?』って思いました」

このトークに「状況を客観的に見ること」を入れるとこうなります。

お笑い脳のトーク1

「こないだ全裸の男が急に現れて、僕に道を尋ねてきたんですよ！　でヤバいから『無理です』って何回も断っていたんですけど、あまりにしつこかったんですよ。で、よくよく考えたらこれ周りの人から見ると、『おれ、全裸の友達みたいに映っているやん！　恥ずっ！』てなって、早く終わらせるためにも『どこまでの道のりが知りたいんですか？』って聞いたら、『警察署』って言うたんですよ。『え？　犯罪を犯してそのままダイレクトで自首すんの!?』って思いました」

このように「周りの人から見ると、おれ全裸の友達みたいに映ってるやん！」と「状況を客観的に見た視点」を伝えると、「確かにそう見えるかも（笑）」と笑いが起こります。

「状況を客観的な視点で伝えられる」ポイントを探すコツは、**トーク内の出来事を「周りの人から見ると、どう見えているか？」と見直していく**ことで見つかります。

「別の人の視点で見たときにどう感じるか？」をわかりやすく理解できるように、参考用トークを用意したのでご覧ください。

お笑い脳のトーク2

「俺、こないだ電車の中で漫談の練習してたんやけど、『電車嫌いや』ってフレーズを何回も言うネタで、『電車嫌いや』って何回も言ってたら周りの人がどんどんいなくなっていったんですよね。『ふと、何でやろ？』と考えたら、**周りの人から見ると電車乗ってるやつが『電車嫌いや。電車嫌いや』って言ってるヤバいやつに見えるやんと思って！**ヤバい！　恥ずかしい！　ってなって、次の駅で降りました」

こんな感じで「状況を客観的に見ること」により、笑えるポイントを増やすことができます。少し上級者向けではありますが、挑戦してみてください。

お笑い脳

トークは笑わせるポイントをたくさん作る

1. 描写を細かく伝える
2. 状況を客観的に見る

第5章

悩みを解決するお笑い脳

Q

相手を傷つけてしまわないかと、気を遣いすぎてしまう

この最後の章では、コミュニケーションについて実際によく相談される内容と、それに対する僕の回答を載せています。

少しでもみなさんの「お笑い脳」をアップデートできれば嬉しいです！

最初の質問ですが、「いつも相手を傷つけてしまわないかを考えてしまい、気を遣った会話しかできません。どうしたらいいですか？」というもの。意外かもしれませんが、僕も同じようなことを考えてしまうタイプでした。

さっそく結論ですが、**考えても仕方ないことで悩んでいる**という可能性があります。

例えば、僕があなたに「よう!」と挨拶をしたときに、その挨拶の仕方で「あなたがどう感じるか」を予想するのは難しいですよね。

世の中には色々な人がいます。その「よう!」という挨拶で傷ついたと言われてもおかしくありません。(極端な例かもしれないけど、これに似た話マジであったよ)

僕たちが予想できるのは「自分の心」だけです。なので、発言するときは、自分の心をものさしにして「自分が言われても大丈夫」と思うのなら発言してもいいと思います。「自分がされてイヤなことは人にするな」「自分が言われてイヤなことは人に言うな」です。

人は「人を傷つけず」には生きていけません。生きている限り、誰かを傷つけてしまいます。大事なのは、傷つけてしまった相手から「あの発言がイヤだった」と伝えられたときには**謝罪する**こと、そして今後に生かすために**相手の心の形をインプットする**こと。

何を大切に思っている人なのか。何を言われると傷つく人なのか。傷つけ怒られて初めて相手の心の輪郭がはっきり見えて、その人との人間関係が深まります。

ですから、あなたが傷ついたときも言葉で伝えていくべきだと思います。そうしなければ自分の心を理解してもらえないからです。

しかし、これらは今後付き合っていきたい人への対応です。そうでなければ、自分とは合わない人だからと、関係を切って距離を取ることを考えてもいいでしょう。

まとめると、どんなに気をつけていても人を傷つけてしまいます。だから、**予想できないことを考えるよりも、今の会話をうんと楽しむことを楽しんでください。**未来の不安に思いを巡らせるよりも、そのときを楽しんでいないほうが、相手に失礼かもしれません。

お笑い脳

人は他人の心を読むことはできない。だから人を傷つけてしまうことはある。傷つけたら謝ると決めて今の会話を楽しむ

Q

苦手な人とは会話が盛り上がらない

僕は、性格が合わなくて盛り上がらない人との会話は、**自分の知らない情報を教えてもらう**という対応をしています。

というのも、苦手な人とのコミュニケーションで一番ツライと僕が考えるのは、「無益な時間になること」。だって、楽しくない会話なんて時間がもったいないないじゃないですか。

それなら盛り上がる人と話したほうが絶対に良い。

しかし、仕事ではそうも言ってられない。

そこで「相手の知識」を「自分の知識」にすることを意識するのです。

例えば、ゴルフが趣味の人と話す場合だと、僕はゴルフの知識が全然ないので、まるでインタビュアーのようにゴルフに関することをひたすら聞き出します。そうすると自分にゴルフの知識が身につきますよね。それを狙っています。

相手が苦手でも、相手の知識は苦手ではないですからね！（よっ！　名言！）

相手は好きな話がたくさんできて気持ちいいし、自分も知識アップの時間にできているので win-win です。ただし、これをやると苦手な相手に好かれてしまうことがあります。気をつけてください（笑）。

お笑い脳

苦手な人との会話は知識を増やすことを意識する

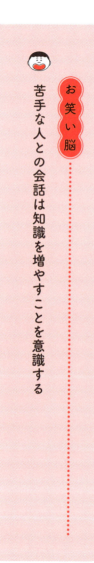

Q

大人数での会話が苦手……

大人数の会話にはいくつかポイントがあります。

まずイメージしていただきたいんですが、大人数で話しているときって、**大縄をみんなで跳んでいるイメージ**なんです。

大縄を跳ぶコツは

1. **縄の回るリズムを把握する**
2. **入るタイミングの速度を縄に合わせる**
3. **同じリズムで跳ぶ**

これを大人数の会話に変換すると

❶ 話が飛び交うリズムを把握する
❷ リズムを合わせて話に入る
❸ そのリズムで話し続ける

大縄の回る速度は、その場の話が飛び交うリズムに置き換えられます。話が飛び交うリズムは、その場を仕切っている人が作っていることが多いです。

例えばお笑いの世界では、明石家さんまさんなら、さんまさんのトークを回す速度があります。ダウンタウンさんなら、ダウンタウンさんのリズムがあります。

もう少し説明すると、さんまさんは話にオチをつけて、すぐに次の人に話を振るのが早いです。このリズムが速いので、さんまさんから振られていない人が話に入るときは、シビアなタイミングが要求されます。しかし、トークの質は軽めでも問題はないでしょう。

ダウンタウンさんは、一人一人の話をじっくり聞いていくスタイルです。ゆっくりだから自分の時間を持てて振られた人は話しやすいのですが、自分から話に入るときのトークの質の高さが求められます。

つまり、その場は誰かがリズムを作っているのです。このリズムが合わないと自分の力は発揮されません。何かの番組で、オリエンタルラジオの中田敦彦さんが、「さんまさんの番組に出たときに力を発揮できなかった」と発言していました。その理由は、さんまさんの作るリズムが速いため、中田さんはそれに合わせて話すことができなかったからだと思っています。

●話が飛び交うリズムが速い
＝タイミングがシビア、内容の質はそこまで高くなくても良い（楽しい程度でもＯＫ）

●話が飛び交うリズムが遅い
＝タイミングは入りやすい、内容の質が求められる（おもしろい話）

どちらも一長一短があります。大人数で自分が話しにくいと感じるときは、話のリズムやトークの質が合っていないと考えましょう。

ではどうすればいいのか。話に入るときは大縄のように、リズムを合わせてタイミングよく入ることです。そして「話の質」「話すときのテンション」「話の尺」などをできる限り合わせること。それが大人数で話すコツなんです。

そこで、大人数での会話に入れない方にオススメの方法が**「報告する」**です。この「報告する」という種類を覚えるだけで、グッと会話に入れる回数は増えます。

普通の会話1

「がこないださ、街中で女の子とイチャイチャしてるの見ちゃったんだよね！」

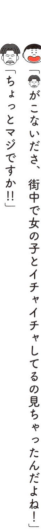

「ちょっとマジですか!!」

「（笑）」

この状況ではが言えることはあまりありません。このままでも楽しい場ですが、の立場だと会話に参加したいですよね。ここで「報告」をしてみましょう。

お笑い脳の会話1

「がこないださ、街中で女の子とイチャイチャしてるの見ちゃったんだよね！」

「ちょっとマジですか!!」

「さん、顔が赤いですよ（笑）」

「うるせぇ！　赤くねぇよ（笑）」


こんな感じで、の状態を「報告する」ことで会話に参加できます。これは実際に相手の顔が赤くなくても大丈夫です。大事なのは、**その状態にあった「あるある変化」を言う**ことです。「あるある変化」とは、次のような状態によって人間に起きる変化です。

- **恥ずかしい↓顔が赤くなる**
- **悲しい、ツライ↓目が潤む、涙を流す**

●**緊張する、怯えている↓手が震える**

このように、会話の内容の状態にあった「あるある変化」を相手に報告しましょう。そうすることで、「マジで⁉」「そんなことないわ！」などと、会話を楽しい方向に進めることができます。要は、相手を茶化すことで、会話に参加するということですね。

お笑い脳の会話2

「おれ、こないださ！　女の子とデートしたんだよね」
「え～！　いいじゃないですか！」
「さん、顔がドヤ顔になってますよ（笑）」
「ウソ！　おれ、そんなにドヤ顔になってた？（笑）」

こんな感じで、**調子に乗ったコメントには「ドヤ顔」になっていたことを報告**しちゃいましょう。

最後にもう1つだけ紹介します。

お笑い脳の会話3

「先輩って、部長のこと本当はどう思ってるんですか？」

「何だよ！　その怖い質問！」

「さん、今ものすごい悪い顔でしたよ！」

「わかる！　悪魔みたいな顔してたよね（笑）」

「（笑）」

このように、**イヤな質問や発言をした人には「今、悪い顔でしたよ」と報告**しましょう。

こうやって色々な報告をして、会話に参加していきましょう。

お笑い脳

大人数は大縄跳び、まずは色々な報告をしてみる

Q

大人数のとき、自分ばかり話していないか心配になる……

大人数での会話のコツは、**周りを巻き込む**ことです。

大人数で話しているときは、どうしても「個人として何を言うか」ばかりを考えてしまいがちです。しかし実際のところ、大人数での会話は「周りをどう巻き込むか」を考えることも重要になってきます。「周りを巻き込む方法」をいくつか紹介しましょう。

普通の会話1

「見て見て！　ゲッツ!!」（ギャグでスベる）

「この空気はヤバいよ」

こんな感じで、誰かがスベってしまうケースってありますよね。こういったときは、周りを巻き込めるチャンスです。

お笑い脳の会話１

「見て見て！　ゲッツ!!」（ギャグでスベる）
「これはとが悪いな……」
「いや、私は悪くないでしょ!!」
一同（笑）

こんな感じで、が全く関係ないのせいにしたことで、のキャラが生かされて笑いが取れました。このときに重要なのは**イジられキャラに対して言う**ことです。

これは、「自分や誰かがスベったとき」だけではなく、「誰かが粗相して空気が悪くなったとき」にも使えます。

どんどんイジられキャラのせいにして、笑いにしていきましょう。

普通の会話2

「俺は付き合った女の子に『ちゅきちゅき〜！』とかLINEしちゃうんだよね」

「うわ！　キモっ!!」

こういったキモい発言に対しては、こういった巻き込み方があります。

お笑い脳の会話2

「俺は付き合った女の子に『ちゅきちゅき〜！』とかLINEしちゃうんだよね」

（に）「今のどう思った？」

「普通にキモいですね」

一同（笑）

本来なら自分で「キモい」と発言したくなりますが、そこをグッとこらえて、周りにいる人に辛辣なことを言わせるとおもしろくできます。これのコツは、**毒舌そうな人に話を振る**ことです。そうすると「辛辣な言葉」を言ってくれるので、笑いを取れるでしょう。

では最後にもう1つ紹介して終わりましょう。

普通の会話3

「でさ〜俺がさ〜この間さ〜」（話が長い）

「話なげぇよ!!」

こういった「迷惑行為」には、次のような巻き込み方があります。

お笑い脳の会話3

「でさ〜俺がさ〜この間さ〜」（話が長い）

「あの〜ちょっといい？」

「え、何？」

「が『話が長い』ってめちゃくちゃ怒ってるよ」

「怒ってないって!!」

一同（笑）

こんなふうに、勝手にが怒っていることにして笑いを取ることができます。

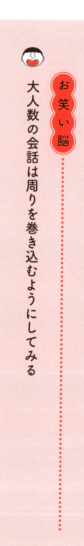

迷惑行為をしている人に対しては注意しにくいと思うので、こういった巻き込み型の牽制を入れてみましょう。これは「そんなこと言ってない！」と、否定をしてくれるイジられキャラなら有効になります。

お笑い脳

大人数の会話は周りを巻き込むようにしてみる

Q

話がわかりにくい、長いと言われる……

話を伝えるのが下手な方って、自分の思いを伝えすぎているケースが多いです。

例えば、「中学のとき部活何をやっていましたか？」と聞かれたら、「僕はバスケをしてました」って返せば良いだけですよね。

しかし、次のような気持ちがあった場合に、伝え方に変化が生まれます。


（キャプテンやってたことを伝えて、すごいと思われたいな）

（県大会ベスト8まで行ったことも伝えて、すごいと思われたいな）

（それで満足してないところを見せて、謙虚って思われたいな）
→「僕はバスケ部のキャプテンやってて、全然大したことないんですけど、県大会ベスト8まで行ったんです！」

一気にわかりにくく、クドくもなりました。

つまり、話を伝えにくくしているのは、**相手に「こう思われたいな～」っていう思いが多すぎる**からなんです。

話が長い、わかりにくいと言われる人は、**質問された内容にだけ答える**練習をしてください。そうすればシンプルになって、相手は知りたいことだけがわかるはずです。やってみてくださいね。

お笑い脳

説明が下手と言われたら、伝えたい思いを減らす

Q

オンライン上のコミュニケーションのコツは？

第1章でコミュニケーションは「安心感」だとお伝えしましたよね。オンラインでも根本は同じです。どういうふうにして安心感を与えるのかを考えることです。

まず、オンラインというのは話し手が不安を感じやすい。聞き手がミュートにしていることが多いため、反応を感じづらいからです。

なので、話を聞いているときは、伝わるように過剰にリアクションしてあげましょう。表情は笑顔にして、相づちを打っていきましょう。

そして、自分が話すときですが、**反応がなくても「相手は楽しんでくれている」「相手は理解してくれている」と思い込みましょう。**電波が悪ければ、相手の反応も遅れてしまいます。なので、相づちや笑顔になるタイミングなども、こちらが確認できない可能性があります。だからこそ「大丈夫」と思い込み、自信を持って話すことが大切です。不安を感じながら話すと、パフォーマンスは下がってしまいますからね。それでも不安な人は、切りのいいところで自分の声が届いているかなどを確認しましょう。

お笑いの舞台では、笑いが起きていなくてもお客さんが「おもしろい」と感じていることもあるし、講演でお客さんの相づちがなくても「最高でした」とアンケートをいただくこともあります。だから、相手の反応に縛られずに話していってくださいね。

お笑い脳

オンライン上で、他の人が話すときは、リアクションを大きくする
自分が話すときは、反応がなくても大丈夫と自信満々に話す

●あとがき●

いやぁ～良い本でしたね。ね？　ね？　ね？（圧）
こんな良い本は友達に勧めるしかないね？

人は生きていると「好きな人」「どちらでもない人」「嫌いな人」、2：6：2の割合で出会いがあるといわれています。
コミュニケーションがうまくなるメリットは、**この6割を占める「どちらでもない人」ともうまくやれるようになることではないでしょうか。**
その人たちと楽しくコミュニケーションを取れるようになれば、「どちらでもない人」が、いつかあなたの心・仕事・人生を「助けてくれる人」に変わるかもしれません。

そもそも僕がこうして笑いの技術を届けたいと思ったのは、僕自身が笑いに救われてきた人生だったからです。

貧乏だったり、育った環境だったり、子供の頃からそれなりの悩みを抱えた人生でしたが、苦労も不幸も、イヤなことは全部笑いにして友達に話してた。

僕の不幸で誰かが笑ってくれたら嬉しい。

そしたら、そうやって人を笑顔にしているつもりが、いつのまにか自分自身も笑顔になっていました。

笑いの力で不幸な出来事を、良かったことに変えることができたんです。

だからツライことや悲しいことがあったときは、**「どうやってそれを肯定するか」**が大事なんじゃないかなと思います。

何も笑いにすることだけじゃない。

好きな人に振られて、悲しみを振り払うように仕事に打ち込むのも同じです。だってその恋がうまくいっていたら、仕事のやる気は出なかったんだから。

イヤなことがあったら新しいカフェに行くとか、映画を1本観るとかでもいい。

そうやって過去を肯定するのがうまくなると、きっと「今」が楽しくなる。

「今」を最高にしてしまえば、過去の不幸は全てオセロのようにひっくり返る。

この本を読んで、笑いを1つでも取ってくれたら嬉しいです。

だけど一番大切なのは、**「あなた自身」が笑顔になる**こと。

だから何よりもまずは、あなたが笑顔になることを願っています。

それが**「お笑い脳」**です。

たくさんある本の中から、僕の本を選んでくれてありがとうございます。

本も人生も一期一会。

あなたのコミュニケーションの幅が広がって、たくさんの人と笑い合えますように。

2024年11月　ネタ作家　芝山大補

お笑《わら》い脳《のう》　イヤなことをおもろいに変《か》える芸人《げいにん》の思考法《しこうほう》

2024年12月 6 日　初版発行

著者／芝山《しばやま》 大補《だいすけ》

発行者／山下 直久

発行／株式会社KADOKAWA
〒102-8177　東京都千代田区富士見2-13-3
電話 0570-002-301(ナビダイヤル)

印刷所／TOPPANクロレ株式会社

製本所／TOPPANクロレ株式会社

●お問い合わせ
https://www.kadokawa.co.jp/（「お問い合わせ」へお進みください）
※内容によっては、お答えできない場合があります。
※サポートは日本国内のみとさせていただきます。
※Japanese text only

定価はカバーに表示してあります。

ISBN 978-4-04-606716-6　C0030